나도 모르게 ── 나를 망치고 ── 성장시키는

문제적 사랑

나도 모르게 —— 나를 망치고 —— 성장시키는

문제적 사랑

김지용

디플롯

무의식을 의식하지 않으면

무의식이 당신을 지배할 것이며

당신은 그것을 운명이라 부를 것이다.

_카를 구스타프 융

차례

프롤로그 내 사랑의 방식 안에 숨은 나에 관한 진실　9

1부　사랑에 빠지는 순간 내 마음에 생기는 일

왜 시작도 하기 전에 사랑이 식을까?　18
—— 비합리적 심리가 숨어 있는 무의식의 세계

그에 대해 뭘 알아요?　32
—— 사랑에 빠진 뇌가 작동하는 방식

왜 그를 사랑하는지 답할 수 있나요?　44
—— 운명적 사랑이라는 가스라이팅에서 벗어나기

왜 사랑이 변할까?　58
—— 투사라는 환상에서 참사랑으로 나아가기

2부　그 연애는 내게 슬픔 말고 무엇을 남겼을까

세상을 보는 시선, 애착　78
—— 전쟁 같은 사랑에서 안정 애착을 완성하는 사랑으로

온전히 나만 좋아해주는 너　92
—— 심리적 전능감의 상실, 그 이후 건강한 좌절의 경험

사랑이 깊을수록 커지는 불안　106
—— 착한 아이 콤플렉스와 갑을 연애관계

실패한 이야기를 고쳐 쓰고 싶은 마음　122
—— 치유를 위한 무의식의 시도, 프로이트의 반복 강박

내 삶의 배우를 만들고 싶은 마음　134
—— 투사적 동일시와 내 안의 연출가

어디까지 과거에서 답을 찾아야 할까　148
—— 신경증 환자란 애매모호함을 못 견디는 사람이다

다른 사람이 눈에 들어올 수는 있지만　160
—— 가엾은 '자아'에서 건강한 '자기'까지

사랑은 결국 일심동체일 수 없다　174
—— 모른 척하며 관계를 유지하는 무의식의 방어기제

고통 주는 연인을 편드는 마음　188
—— 미워하는 감정을 사랑으로 표현하는, 반동형성

3부　사랑은 비로소 나를 더 깊이 알아가는 일

잘 맞는 사람을 미리 알아볼 수 있을까　204
—— 정신과 의사가 말하는 좋은 연애를 위한 특성

이별 후 무너짐의 깊이가 다를 때　216
—— 프로이트의 대상애적 사랑과 자기애적 사랑

결국 그 모든 사랑이 나를 성장시킬 테니　230
—— 시작을 두려워하지 않는 법

에필로그 우리 안의 얼어붙은 마음을 조금씩 깨뜨리기 위하여　247

주석　251

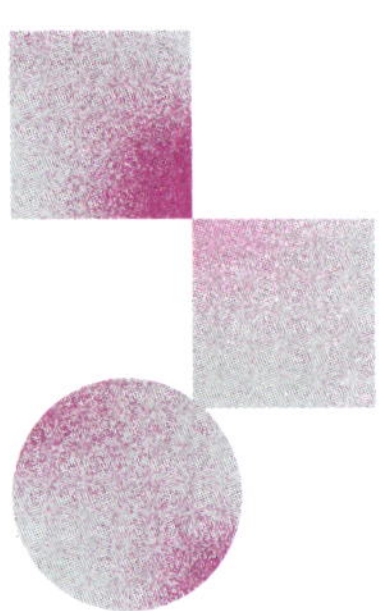

내 사랑의 방식 안에 숨은
나에 관한 진실

    사랑과 연애에 관한 글을 시작하려는 지금, 내 마음은 너무나 복잡하다. 어느덧 훌쩍 큰 두 아들의 아빠이지만, 먼 예전의 내 연애들을 돌이켜보면 자다가도 이불을 찰 순간들이 참 많다. 어린 시절의 나는 말 그대로 숙맥이었다. 친구들과는 잘 어울려 놀았지만, 연애에서는 왜 그리 소심했는지. 연애 고민에 대해서 친구들과 터놓고 이야기하지도 못했다. 그리하여 나의 연애 시도 과정들과, 연애 도중의 기억들은 후여사로 가득 차 있다. 과거 만났던 이들에게, 그때의 나 자신에게도 미안하다. 나는 왜 그리 미성숙했는지. 그래서 과거를 열어 보기 싫다.

    그런데 일하고 아이 키우느라 정신없이 바쁜 와중에도 과거의 연애 기억들이 어쩔 수 없이 건드려지는 순간이 있다. 바로 진료실에 앉아 있을 때다. 나는 15년째 정신건강의학과 의사로 일하고 있다. 나를 찾아온 사람들의 과거와 현재 속 여러 이야기를 듣는 것이 내 일이다. 연애 이야기 역시 빠질 수 없다. 순정만화 같은 풋풋한 사랑부터 아침드라마 같은 자극적인 이야기까지, 우리가 상상할 수 있는 모든 일이 다 실재할 수 있다는 것도 이제는 안다.

세상에는 정말 다양한 심리를 지닌 온갖 종류의 사람들이 존재하고, 그들의 조합으로 만들어지는 연애 군상은 더더욱 무궁무진하다. 그 수많은 연애들이 다 행복으로 채워지면 좋겠다만, 알다시피 현실은 그렇지 않다. 연애는 스트레스와 상처를 남긴다. 애초에 연애에서 받은 큰 상처 때문에 진료가 시작되는 경우도 있지만, 그렇지 않은 경우에도 상담이 깊어지면 연애 이야기가 자연스럽게 나오게 된다. 우리 삶의 주된 고민이니까. 그래서 프로이트가 그렇게 말했나 보다. '일과 사랑이 인생의 전부'라고.

그렇게 시작된 연애 이야기는 신기하게도 부모님 이야기로 대부분 이어진다. 내가 유도하지 않았건만 자연스레 그렇게 된다. 이런 일이 한 세기 전에도 동일했는지 프로이트는 '한 부부의 침실에는 여섯 명이 존재한다'는 말도 남겼다. 양쪽 연인이 결혼 후에도 각각의 부모로부터 심리적 영향을 받고 있다는 지적인데, 이 불편한 진실로부터 자유로운 사람은 여태껏 한 명도 보지 못했다. 물론 나 역시 그렇다.

정신과에서는, 어떤 사람이 가지고 있는 대인관계의 원형이 그와 그 양육자 사이의 관계에서 비롯되었다고 본다. 하지만 내가 선택하지 않은 과거가 지금의 나를 지배한다는 것, 성인이 된 후의 삶이 온전한 내 자유의지로 결정되고 있지 않다는 것은 그야말로 기분 나쁜 말이다. 그래서 많은 이들이 화를 내거나 애써 무시하고 회피한다. 하지만 앞서 말했듯 이것이야말로 불편한 진실이다. 불편함을 크게 느낄수록 그 진실에 해당할 가능성이 더 높다. 그리고 이 불편한 진실을 받아들이는 것은 결코 무력해지기 위해서가 아니며, 그 자체로 더 강한 자기결정권을 갖기 위한, 진정한 심리적 독립을 위한 첫 번째 발걸음이다.

내 대인관계의 원형을 어린 시절 양육자와의 관계에서 찾을 수 있다면, '지금 이 순간' 나의 대인관계 특성은 바로 연애에서 가장 잘 관찰된다. 연인과의 관계야말로 그 사람의 대인관계와 성격의 특성을 뚜렷하게 보여준다. 그리고 그 사람이 거쳐온 과거의 연애들을 분석해보면, 별 공통점이 없어 보였던 그 관계들에 특정한 패턴이 있다는 사실을 알게 된다. 그 패턴에 숨어 있는 심리를 알아챌 때, 앞으로 '좀 더 나은' 연애를 할 가능성이 생긴다. 건강한 연애만큼 행복과 직결된 것이 또 없기에 이 마음을 들여다보는 작업이 반드시 필요하다.

문제는 혼자서는 이런 가능성을 발견하기가 매우 어렵다는 것이다. 우리 모두는 지금의 내 마음을 만든 과거 상황들을 당연하게 받아들이며 자라왔고, 그래서 내 성격과 대인관계 특성이 어떻게 형성되었는지 인지하지 못한다. 성격의 근원을 묻는 질문에 그저 '전 어릴 때부터 그랬는데요? 타고난 것 아닐까요?'라고 답하는 경우가 대부분이다. 우리는 자신의 마음을 모른다. 치열한 고민을 해보지 않았다면 더더욱 모른다. 정신과 의사인 나도, 역시 정신과 의사들인 내 동료들도, 진료실에서 만난 수많은 사람들 모두 그렇다.

연애에 있어서 우리는 비슷한 고민과 실수를 반복한다. 그럴 때마다 상대를 탓하거나 자기 운명을 원망할 뿐, 그 상황들에 공통적으로 등장하는 유일한 주인공인 '내 마음속'은 잘 들여다보지 않는다. 바로 그곳에 답이 있는데 말이다. 가끔은 정말 거기에 뭐가 있는지 몰라서, 혹은 뭐가 있는 것 같은데 볼 줄 몰라서, 그리고 많은 경우 보기 싫어서 외면한다. 그래서 실수와 실패와 상처가 반복된다.

하지만 사람은 변한다. 실제로 정신과 의사로 일하는 동안 끝내 변화를 만들어내는 모습들을 계속 봐왔다. 몇 년간 곁에서 쭉 지켜본 사람들이 과거 문제적 사랑의 패턴에서 벗어나 결국 좋은 사람과 건강한 연애를 하게 되는 건 한편으로는 놀랍기도 한 일이었다. 자신의 마음 상태에 따라서 만나는 사람이 달라진다는 것을 반복해서 확인할 수 있었다.

이 책의 원고 작업이 한창이던 어느 날에는 평생 잊지 못할 신기한 경험을 하기도 했다. 연인의 부모님과 식사 자리를 갖고 결혼 이야기를 꺼냈다는 말을 그날만 진료실에서 세 차례 들었다. 마지막 사람에게 들을 땐 내가 영화 〈트루먼 쇼〉의 주인공이라도 된 것 같은 비현실적인 느낌마저 들었다. 이 글을 쓰면서도 그들에게 감사하다는 생각이 다시금 든다. 어떤 과거를 품고 있다 해도 우리는 바뀔 수 있다는 사실을 생생한 증거로 확신할 수 있게 해주었으니 말이다.

미성숙했던 나 역시 많이 변했다. 과거의 흑역사는 바꿀 수 없지만 지금의 나는 다행히 10년 넘게 가정에서 참사랑을 만들어가고 있다. 도심 한가운데 작은 진료실을 열고 8년 넘게 삶과 연애에 대해 꽤나 많은 이야기를 듣고 나누며 나름의 생각들을 키워왔다. 그렇기에 이제는 복잡하고 부끄러운 마음을 잠시 접어두고 연애 심리에 대한 글을 담담하게 적어보려 한다.

이제 정신과 의사의 눈으로 목격해온 여러 연애 심리들에 대해 이야기할 것이다. 대부분의 내용은 진료실에서 들은 것에서 비롯되었는데, 그건 동시에 우리 주변에서 흔히 접할 수 있는 이야기들이기도 하다. 쉽게 만남을 시작하지 못하는 사람들, 시작은 했지만 더 깊은 관계로 들어가지 못하는 사람들, 너무 잦은 만남과 헤어짐을 반복하는 사람들, 잘 헤어지지 못하는 사람들, 헤어짐에 대한 두려움으로 연애 중 힘들어하는 사람들, 헤어진 후에도 놓지 못하는 사람들, 연애에서 늘 갑을 관계가 되는 사람들 그리고 상처받는 연애를 반복하는 사람들. 그들이 어떠한 심리였을지, 그로 인해 어떤 일을 겪게 되는지, 그래서 어떻게 해야 좋을지 이야기해보려 한다.

지금 이 책을 집어 든 분들의 마음은 어떨지 궁금하다. 최근 연애의 상처에 힘든 분도, 아픔은 잦아들었지만 대체 내 연애는 왜 이런 것인지 궁금한 분도, 지금 연애 중 길을 잃은 느낌이 드는 분도 있을 것 같다. 이처럼 다양한 독자의 상황을 하나하나 자세히 알 수는 없지만, 한 가지만은 확실하다. 당신은 앞으로 변해갈 것이란 사실이다. 이는 지금 당신이 사람을 변화시키는 대표적인 경험을 하고 있기 때문인데, 그것은 다름 아닌 사랑과 독서다. 사랑에 대한 독서를 하는 지금의 당신은 누구보다도 변할 준비가 되어 있다. 지금껏 눈에 보이는 변화가 없었더라도, 적어도 변화를 원하는 힘이 마음 안에 있다는 것은 확실하다. 이 책을 통해 그 힘이 어떤 방향으로 작동하면 좋을지, 그에 대한 일말의 단서를 드리려 한다.

독자들 모두 앞으로의 이야기에서 자신의 모습을 조금씩 볼 수 있을 것이다. 그 순간 눈 감거나 발 돌리지 않았으면 한

다. 너무 자책하거나 후회하지도 않았으면 한다. 미국의 심리
학자 칼 로저스는 이렇게 말했다.

인생의 흥미로운 역설이 하나 있으니, 나 자신을 있는 그대로
받아들일 때, 그때 비로소 내가 변화한다는 것이다.

이 말은 당신에게도 적용될 것이다. 이 책을 통해 연애를
하며 오히려 고통받았던 과거의 순간들과 작별할 수 있기를,
더 행복하고 건강한 연애를 하게 되길 바라며 시작해보겠다.

1부

사랑에 ——— 빠지는 순간 ——— 내 마음에 생기는 일

왜 시작도 하기 전에 사랑이 식을까?

—— 비합리적 심리가 숨어 있는 무의식의 세계

“넷플릭스 1위라서 틀었는데 형이 나오더라고요. 그런데 그 사람 진짜 솔로에요? 도저히 안 믿기는데.”

어느 날 동시에 몇 명에게 같은 내용의 연락이 왔다. 응? 무슨 소리지? 내가 왜 넷플릭스에 나와? 잠시 후 과거 촬영도 함께 했었던 상담을 떠올렸다. 〈모태솔로지만 연애는 하고 싶어〉가 드디어 방영되는구나! 연애 경험이 없는 일반인 출연자들의 연애 시작을 진심으로 돕고 싶다는 제작진의 말에 참여했지만, 이런 생각이 들기도 했다. ‘유명인도 아닌 모솔들의 연애 시도에 사람들이 흥미를 가질까? 안 그래도 점점 연애를 안 하는 시대인데.’

내 착각이었다. 이 프로그램의 대흥행이 입증하듯, 내가 당장 연애를 하지는 않아도 연애 이야기에는 궁금함을 참지 못하는 게 사람 마음인가보다. '일과 사랑이 인생의 전부'라는 프로이트의 명언은 여전히 유효하다. 또한 이 프로그램은 많은 이들에게 깨달음을 주었다. 연애의 시작 여부가 외적으로 보이는 조건들에만 좌우되지 않는다는 사실이다. 내가 상담했던 출연자의 경우 섭외를 놓고 제작진도 많은 고민을 했다고 한다. 너무 빼어난 외모로 인해 모태솔로라는 사실을 시청자들이 믿지 않을 것 같아서다.

프롤로그에서도 이야기했지만, 연애들 속에 분명 존재하는 '연애 패턴'을 찾아내고 분석하는 것이 이 책이 전달하려는 핵심이다. '나는 연애 경험 자체가 없는데 무슨 연애 패턴이야!"라고 반문할 수도 있겠지만, 시작이 안 되는 것 역시 한 가지 반복되는 중요한 패턴이다. 당연히 연애의 시작은 누구에게나 마음대로 되지 않는 일이라지만, 주변 사람들이 도대체 무슨 이유인지 의아해할 정도로 유독 더 시작 단계가 꽉 막혀 있는 분들이 있다. 물론 다들 나름의 이유가 있다. 외모부터 시작해서 학력, 직장, 재산 아니면 운이 없어서 등등. 그런데 내가 만난 그들의 진정한 공통점은 그런 겉으로 드러나는 특정 조건들의 부재가 아니었다. 진정한 원인은 그들 마음속에 숨겨져 있었다.

"그냥 아빠 같지만 않으면 되는데"
세상을 바라보는 기준값

30대 초반 여성 A가 진료실을 찾아왔다. 매력적인 외모에 남들이 부러워할 만한 직장에 다니는 그는 만성적인 우울감에 시달리고 있었다. 주위에 우울감을 털어놓기도 했지만 그때마다 '도대체 네가 왜?'라는 반응이 돌아올 뿐이니 이제는 그저 밝게 웃는 가면만 쓰고 지내고 있다. 자신의 진짜 모습을 아는 사람이 없어서 외로움이 쌓였고, 그 외로움이 우울감을 더 키웠다. 대인관계에 대한 이야기를 나누던 어느 날, A는 자연스럽게 연애에 대한 속마음을 꺼냈다.

"전 한 번도 남자 친구가 있었던 적이 없어요.(선입견을 가지지 않으려 노력하지만 나 역시 이 순간 놀라기는 했다.) 그래도 제가 어릴 땐 외모가 괜찮았는지, 남자들이 다가오는 일이 좀 있었는데, 이상하게 고백을 받는 순간 제 감정이 확 식는 거예요. 그중에 호감을 가졌던 사람들도 있었는데 말예요. 그러다 나이가 들어버렸네요. 하하. 바보 같죠?"

연애라는 꽃이 피려고만 하면 급작스레 시들어버리곤 했던 과거를 그는 웃으며 말했다. 마치 아무 일도 아니라는 듯이. 자신에게 연애 따위는 필요 없다는 듯이. 하지만 내가 아는 A는 만성적인 외로움에 시달리고 있기에, 특별히 가까운 사람을 갈망하는 마음이 충분히 들 만도 했다. 그런데 그는 왜 자신도 호감이 있던 상대방의 고백을 받아들이지 못하고, 심지어 그 고백에 애정이 식어버렸을까?

우리는 그 답을 함께 찾아나섰다. 모르겠다는 대답이 반복됐지만 포기하지 않고 자유연상*을 계속 시도했다. 그러던 중 A가 혼잣말처럼 흘린 말이 내 귀에 의미심장하게 들렸다.

"그냥 아빠 같지만 않으면 되는데… 별거 아닌데, 이게 왜 어렵지?"

이전에 여러 번 전해 들었던 A의 아버지 모습이 머릿속에 그려졌다. 그는 상담 내용에 자주 등장했던 인물로, A의 성격 형성에 지대한 영향을 미쳤다. 딸의 삶을 평생에 걸쳐 지나칠 정도로 통제해온 인물이었다. 성인이 되어서도 그 관계는 변함이 없었다. 가령 취업한 뒤에도 A는 회식 때마다 일찍 일어나야만 했고, 그렇게 돌아간 집은 늘 적막했다. 강박적이고 완벽주의적 성향을 지닌 사람들이 그렇듯 아버지는 차가운 사람이었다. 마치 틀린 걸 지적하는 기능만 탑재된 로봇 같았다. 조금 더 정확히 말하자면 가끔씩은 감정을 보일 때가 있었는데 일이 자신의 뜻대로 되지 않아 폭발적으로 분노

하는 경우였다. 그 모습에 가족 모두 반항을 포기했고, 강력한 지배자 때문에 집안 분위기는 고요함을 넘어 냉랭해진 지 오래였다.

어릴 때는 그야말로 가정과 부모가 내 세상의 전부다. 자라면서 학교도, 친구도, 직장도 여럿 경험해볼 수 있지만 나고 자란 가정은 단 하나다. 그래서 내가 택할 수 없는, 주어진 그 환경이 내가 세상을 바라보는 기본값으로 설정된다. 앞으로 살아가면서 만날 다른 이들과의 관계에서도 그 기본값으로 저장된 관계가 되풀이될 것이라 예상하게 된다. 사랑을 받았던 이는 사랑을, 무관심뿐이었던 이는 무관심을, 통제를 받았던 이는 통제를 받으리라 여기기 쉽다. A 역시 그러했다. 사실 그의 아버지와 비슷한 성격을 지닌 사람은 전체 중 5퍼센트도 안 될 텐데 말이다.

결핍은 소망을 낳는다. 결핍이 클수록 강렬한 소망을 키워낸다. 이런 차가운 분위기 속에 자란 사람들 중 다수가 공감해주는 따스한 상대방을 꿈꾼다. 자신의 약한 부분들까지 보듬고 위로해주고, 모든 감정을 공유할 수 있는 사람을 기대한다. 아닌 척해도 실은 항상 누군가를 찾고 있다. 스스로는 정말로 의식하지 못해도 무의식에서는 그런 사람을 찾는다. 그 상대가 내게 다가오는 순간, 감정은 요동친다. 드디어 나타났구나! 너무나 설렌다. 때로는 이런 결핍이 빠른 결혼의 원동력이 되기도 한다. 그런데 A의 마음은 왜 아예 연애를 시작하지 못하는 방향으로 흘러갔을까? 이에 대해서도 우리는 자유연상으로 대화를 이어가며 답을 찾아나갔다.

연애의 시작을 가로막는 비합리적인 심리

이렇게 통제적인 가정에서 만들어진 여러 사람들의 비슷한 심리는 어느 순간 갈림길에 선다. 새로운 사람에게 강하게 끌리면서도 동시에 그 역시 자신을 또 다른 새장에 가둘지 모른다는 두려움을 느낀다. 기존의 숨 막히는 새장은 떠나고 싶은 곳이지만, 익숙하기에 적어도 미지의 공포는 없다. 익숙한 압제와 미지의 공포 중에 전자를 택하는 것이 흔한 심리다. 게다가 만남의 횟수가 늘며 저절로 심리적 거리는 가까워지는데, 가족 외에 내가 허용한 적이 없던 그 거리에 아직은 낯선 사람이 들어오며 미지의 공포가 커져간다. 추가로 A의 오랜 기간 풀리지 않는 미스터리가 그 공포를 더 키웠다. 그것은 바로 가족들에게는 폭군인 아버지가 사회생활은 곧잘 했다는 점이다. 어릴 적부터 가끔씩 본 아버지의 지인들은 모두 다 아버지가 좋은 사람이라고 말했다. 그들과 밝게 웃고

떠드는 아버지는 내가 알던 사람이 아니었다. 그렇다면 좋은 사람인 듯 내게 다가오는 이들 역시 그 가면 뒤에는 다른 정체가 있을지 모르는 것 아닌가?

이런 마음이 관계의 진전에 급정거를 건다. 그때부터는 상대방의 말 한마디, 행동 하나하나가 눈에 다르게 들어온다. 친구와 통화할 때 말투도, 식당에서 주문하는 태도에도 눈길이 간다. 다르게 바라보니 이전에 몰랐던 무심함과 차가움이 보이는 것 같기도 하다. 저절로 안전 거리를 두게 된다. 자, 그러면 상대방은 어떻게 느낄까? 처음에는 이미 사귀는 것처럼 확 마음을 열며 급속도로 가까워지다가 갑자기 멀어지는 듯한 A의 모습에 상대방은 당황한다. 어떤 이는 A가 물러난 만큼 더 훅 다가서기도 했고, 몇몇은 답답한 마음에 짜증과 비난 섞인 하소연을 하기도 했다. 전해 들은 내게는 애절함 섞인 표현으로 느껴졌지만, A에겐 그렇지 않았다. '사귀기도 전부터 이렇게 날 가두려고 한다면 사귀고 난 뒤엔 오죽할까, 역시나 무서운 사람이겠구나.' A의 연애 시도는 매번 그렇게 시작 직전에 멈춰버렸다.

앞서 말한 것처럼 지금 만나는 사람이 A의 아버지 성격을 닮았을 가능성은 5퍼센트 미만이건만, 그 가능성을 염두에 두고 일거수일투족이 분석될 때 그 확증편향에서 살아남을 수 있는 사람은 없다. '그냥 아빠 같지만 않으면 된다'는

A의 간단해 보이는 기준은 사실 그 어떤 도전자도 뚫을 수 없는 철벽이었다. 해결책으로 더 강력한 도전자를 떠올리는 A의 마음에 공감이 가지만 동의는 할 수 없었다. 그동안의 도전자 중에도 분명 충분히 좋은 사람들이 있었을 것이고, 그렇기에 변화는 A의 마음속에서 시작되어야 했다.

A의 마음이 너무 극단적이다, 심리상담을 받는 소수의 사람들만 가지고 있는 이상한 마음이라 느끼는 분들도 분명 있을 테다. 그러나 절대 그렇지 않다. 완전히 같지는 않더라도, 부분적으로라도 이런 심리를 가진 사람들은 주위에서 흔히 볼 수 있다. 타인의 문제로 돌리지 말자. 우리 모두의 마음속에 이런 비이성적이고 비합리적인 심리들이 숨어 있다. 겉으로 드러나지 않을 뿐이다. 왜냐하면 우리가 스스로 의식하고 있는 세계는 전체 정신세계의 극히 일부이기 때문이다.

내가 알고 있는 내 마음은 수면 위 빙산의 일각이고, 그 밑에는 거대한 무의식의 세계가 존재한다. 직관적이고 비이성적인 심리들로 가득 차 있는 그 세계에서 비롯되는 에너지가 내 삶을 지배한다. 그렇기에 나에 대해서, 나의 연애에 대해서 잘 알고 싶다면 항상 그곳에 답이 있다는 사실을 깨달아야 한다. 사람들의 무의식 속에는 연애의 시작을 철벽같이 막아내는 여러 수문장들이 살고 있으며, A의 속마음도 놀랄 것이 없는 흔한 경우다.

실패 없는 선택을
강요받는 시대의 사랑

보수적인 B에게 연애란 결혼식장의 신랑, 신부 입장선에 서는 일과 다르지 않다. 가벼운 마음으로 연애의 첫발을 떼는 건 불가능하다. 마음속 기준을 낮춰 연애를 시작하려 해도 서로 다른 자라온 환경이, 양쪽의 종교 차이가, 예상되는 집안의 차가운 반응이 자꾸만 발목을 잡는다. 부모의 잦은 다툼에 이은 이혼의 과정을 지켜보았던 C에게 '커플'이 된다는 것은 곧 지옥 같은 전장에 들어서는 일이다. 좋은 사람을 소개해준다는 친구들의 제안을 항상 바쁘다는 핑계로 미루던 C는 그 외로움을 술로 메우다 진료실에 오게 되었다.

꼭 이런 과거사가 있어야만 하는 것은 아니다. D는 별다른 과거의 상처가 없는데도 연애의 시작이 자꾸 망설여진다. 안 그래도 불안도가 높은 편인데 뉴스나 인터넷 커뮤니티 등에서 남녀 갈등과 데이트 폭력의 많은 사례들을 접하며 연애에 대한 공포심이 지나치게 커져버렸다. 상대방의 그저 일반적인 말에도 "이게 바로 가스라이팅을 하려는 시도 아닐까요? 이런 사람은 피해야 한다던데요"라며 의구심을 품는다. 그의 모습에 관련된 영상 콘텐츠를 만들었던 것에 죄책감이 들기도 한다.

연애가 시작부터 막히는 것은 내가 만난 몇몇 사람들만의 문제가 아니다. 몇 년 전부터는 여러 조사에서 공통적으로 연애하지 않는 세대의 등장을 보고하고 있고, 그 추세가 더 강해지고 있다. 연애를 피하는 가장 큰 이유로 '시간과 감정적 에너지 소모'와 '경제적 부담' 등이 꼽힌다. 그리고 그 연애의 빈 공간은 커리어 쌓기를 위한 자기계발에 투자하는 경향이 늘고 있다. 이런 변화는 어디서 온 걸까? 한 사회는 개개인이 모인 것이기에 들여다보면 결국 각각의 사람들이 지닌 심리의 결이 비슷하다. 나타나는 모습은 약간씩 다를지라도, 결국 마음속 공통적인 핵심 원인은 '불안'이다.

저성장 시대가 계속되며 점점 더 많은 사람들이 미래가 불확실하다고 느끼고 있다. 불확실성이 커지면서 불안이 늘어나고, 뉴스와 소셜미디어에서 뿌려대는 과도한 정보는 불안을 부채질한다. 이러한 불안에 대처하는 대표적 심리가 강박과 회피다.(추가로 의존이 있는데, 뒤에서 다룰 예정이다.) 안전한 길만 골라 더 완벽하게 대비하려는 강박과 완벽주의 심리가 더 많은 사람들의 마음을 지배한다. 더 완벽한 커리어를 쌓아야 하는데 연애는 그저 걸림돌로 보일 뿐이다. 이력서에 연애 경험을 적지는 않으니까. 실패 없는 선택만 해야 하는데, 연애만큼 성공이 확실치 않은 분야가 또 있을까. 그러니 회피 목록 1순위가 된 것 아닐까.

저성장 시대에 들어서기 전 연애의 경험을 끝낸 나로서는 지금 이 시대 청춘들의 마음을 완벽하게 이해할 수 없을 테다. 그렇다고 진료실에서 매일 듣는 그들의 어려움을 '개인의 불안' 탓으로만 돌리고 싶지 않고, 그럴 생각도 없다. 하지만 안타깝게도 계속해서 불안을 키우는 이 세상의 흐름은 언제 다시 방향을 틀지 모르겠다. 단기간에 바뀔 것 같지 않다. 이러한 세상에 목소리를 내는 것도 중요하지만, 동시에 내가 바꿀 수 있는 것을 바꾸는데 더 집중해야만 한다. 불안에 대처하기 위해 더 좋은 조건과 능력을 갖춘 사람이 되는 것도 한 방법이겠지만, 그보다 더 효율적이고 확실한 것은 내 마음의 성장에 투자하는 것이다. 나를 둘러싼 불안 요소들이 쉽사리 바뀌지 않는 만큼, 더 단단하면서도 유연한 자아를 키워나가야 한다. 그리고 연애는 그 과정에 반드시 도움이 된다.

나는 내담자들로부터 연애를 시작했다는 말을 들을 때면 진심으로 기뻐하며 축하한다. 물론 뒤에서 이야기할 문제적 사랑으로 이어질 수도 있겠지만, 대부분의 경우 연애를 통해 자아가 성장한다. 뜨거운 열애의 순간을 통해서도, 아픈 이별의 순간을 통해서도. 그러니 나는 더 많은 사람들이 연애를 했으면 좋겠다. 서로에게 많은 것을 남기고 서로를 변화시키는, 건강한 연애를 했으면 좋겠다. 내 아이들이 살아갈 미래의 우리 사회가, 불안에 밀려 연애가 사라지는 세상이 아니었으면 좋겠다. 시간과 감정적 소모를 줄이다 못해 연애까지 배제하며 불안을 통제하려는 시도, 그것은 잠시나마 불안으로부터 회피하는 방법은 될지언정 행복해지는 방법이 될 수는 없다.

A와도 이런 이야기들을 많이 나눴다. 지금은 그가 어떻게 살고 있을지 궁금하다. A를 통해 과거에서 기인된 마음의 틀은 쉽게 바뀌지 않는다는 것, 하지만 동시에 분명 변화가 가능하다는 것을 목격했다. 변화의 필요성을 느낀 A는 수년간의 상담을 이어나가는 동안 여러 차례 연애를 시도했다. 그때마다 마음속에서 브레이크가 걸리는 과거의 패턴을 반복하다가 드디어 어느 날 자연스럽게 첫 연애가 시작됐다. 평생 겪어보지 않은 미지의 길, 가까워질수록 두려움이 더 깊어지기도 하는 그 관계를 정말 지속해야 할지 내게도 수차례 확인하곤 했다. 그럴 때마다 나는 '과거를 반복할 때 따라오는 우울과 새로운 길을 갈 때의 불안 중 후자를 택해야만 한다'고 일러주며 응원했다. 안타깝게도 그저 마음 편할 방법은 없다. 불안을 견뎌야만 했다. 과거의 패턴에서 벗어나기 위해서, 겪어보지 않은 안정감 있는 관계를 만들어가기 위해서, 그로 인한 근본적인 내적 변화를 위해서.

그렇게 불안을 견디며 지속한 연애는 결국 A를 크게 변화시켰다. 상담은 평생 해야 할 것 같다고 입버릇처럼 말하던 A를 그 이후로 보지 못했다. 한결 단단한 자아를 갖게 되면 의존하는 마음이 줄어들어 심리적 독립을 하는 것이 당연한 흐름이고, 그때야말로 내가 이 일에서 가장 큰 보람을 느끼는 순간이다. A의 변화를 보며 나 역시 다시금 깨닫는다. 독서와 상담은 변화의 씨앗을 만들어주지만, 결국 진정으로 사람을 바꿀 수 있는 것은 경험밖에 없다. 피하지 않고 불안을 견디며, 자아를 새롭게 깎아내는 경험.

그에 대해 뭘 알아요?

—— 사랑에 빠진 뇌가 작동하는 방식

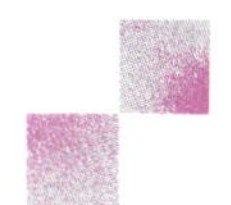

늦은 저녁 시간, 다음 내담자 명단에 L의 이름이 올라왔다. 그의 이름을 보자 지쳐 있던 내 마음이 조금은 편안해지는 것을 느꼈다. 사실 L은 오랜 기간 내게 풀리지 않는 숙제였다. 그의 우울증은 주위에서 보았을 때도, 스스로 느끼기에도 심각하지는 않았지만 10대 초반부터 시작되어 10년 넘게 그의 삶에 달라붙어 그를 괴롭히고 있었다. 남들 눈에는 문제없이 살면서 대학을 다녔고 최근에는 취업도 했지만 가라앉는 기분은 계속되었다. 삶에 낙이 없었다. 적극적으로 죽고 싶은 마음이 들지는 않아서 살고 있지만, 그렇다고 또 왜 사는지도 모르겠기에 삶에 대한 회의감이 든다고 했다. 운동을 해보아도, 친구들과 여행을 가도, 심리상담을 받아보아도 해결되지 않는 이 찌뿌둥한 삶의 감각으로부터 벗어나

보고자 정신과를 찾아왔는데, 어느덧 1년이 훌쩍 넘었다.

그에게 항우울제는 일부 효과만 보일 뿐, 만성적인 우울은 충분히 호전되지 않았다. 나와 새롭게 시작하여 수십 차례 진행한 상담 치료 역시 마찬가지였다. L이 먼저 불만을 표한 적은 없었지만, 그의 얼굴이 좀처럼 밝아지지 않는 것이 마음에 걸렸다. 대체 뭐가 부족한 거지?

그랬던 L이 언제부터인가 웃는 얼굴로 나타나기 시작했다. 남들이 부러워할 만한 직장에 취업해도 전혀 변화가 없던 그의 얼굴에 웃음기를 띄운 것은 다름 아닌 연애였다. 와… 이게 바로 사랑의 힘인가! 당연히 오늘도 웃는 얼굴을 기대했으나 잠시 후 의자에 앉는 그의 얼굴을 보는 순간, 직감적으로 알아챘다. 아, 끝났구나.

"저도 선생님한테 잘 지냈다고, 좋은 소식 들려드리고 싶었는데…"

눈물 때문에 대화가 어려웠다. 나는 그저 뚝뚝 흘러내리는 눈물을 물끄러미 바라보며 그간 들었던 L의 연애사들을 복기해볼 뿐이었다. 그러니까 이번이 두 번째 연애였다. 대학 신입생 때 학교 선배와 석 달 미만의 짧은 연애가 있었으나 좋은 기억으로 남지 않았다. 그 후로 몇 년째 멈춰 있던 L의 연애 시계는 첫 직장에서 만난 선임과의 사이에서 다시 흐르기 시작했다.

"대체 어떻게 이렇게 사람이 확 변하죠? 분명 그런 사람이 아닌데…. 지난 일주일 동안은 제가 알던 사람이 아니었어요. 어떻게 그럴 수 있죠? 제가 또 사람을 잘못 본 걸까요? 아니면 그 사람이 제가 좋아할 만한 모습을 연기했던 걸까요?"

평소 감정 표현이 크지 않은 L이었건만, 이날은 진료실의 티슈가 다 떨어질 정도로 눈물을 멈추지 못했다. 슬픈 이야기를 하는 모습도, 슬픈 상황을 해석하고 대응하는 방식도 사람마다 다 다르다. 그에 반응하는 정신과 의사의 방식도 마찬가지고. 그래서 한참을 기다린 끝에 내가 한 말은….

여기서 잠깐 정신치료의 방식에 대해 한 가지 짚어보자. 소셜미디어에서도, 유튜브 〈뇌부자들〉 영상 댓글에서도 심심치 않게 보이는 이런 글이 있다. '정신과 진료 갔다가 더 상처받았다. 정신과 의사라면 이래야 하는 것 아니야?' 아마 의사가 잘못한 순간도 꽤나 있을 것이다. 그런데 이렇게 생각해볼 수도 있다. 모든 관계는 투사*로 시작된다. 그 글을 쓴 사람도 자신이 기대한 정신과 의사의 모습을 상대방에게 투사했을 것이고, 기존 자신의 환상과 실제 의사의 모습 사이 괴리에 실망하는 과정이 일어났을 것이다. 우리나라에 존재하는 수천 명의 정신과 의사는 다 다른 성격의 사람이다. 기본적인 역할과 교육받은 태도가 있지만 어쨌든 결국 다 제각각 성격을 지니고 있고, 또한 어떤 상담 스타일을 지향하는가에 따라 내담자의 감정에 접근하는 방식이 나뉜다.

예를 들어 지지적 정신치료에 가까운 사람은 조금 더 공감하는 방식으로, 분석적 정신치료에 가까운 사람은 감정은 조금 더 감추며 환자의 심리를 파고드는 쪽으로 다가간다. 그리고 몇 분 미만으로 끝나는 약물 처방 위주의 진료도 있는데, 사실 정신치료라는 이름을 붙이기는 어렵다. 그렇다고 그게 꼭 나쁜 진료인 것도 아니다. 각각의 장단점이 다 있을 뿐이다. 지지와 분석 둘 중 뭐가 우월하다고 할 수는 없지만, 내 경우 분석적 정신치료에 가까운 진료 스타일을 고수해왔다. 그래서 진료실에서 나는 대체로 무표정한 얼굴이다.

분석적 정신치료에서는 감정을 드러내지 않고 내담자를 중립적으로 대하는 것이 여러모로 중요하다. 사람인 이상 앞에서 들리는 이야기에 공감되고 감정적으로 흔들릴 수밖에 없지만, 내 감정이 아닌 상대방의 감정에 집중한다. 그 감정이 지닌 의미, 유발했을 심리들을 분석한다. 그래서 가끔은 서운함 섞인 목소리들을 듣게 되기도 한다.

"의사들은 원래 다 T예요?"

"상담 끝나고 친구 만나면 오늘 또 T망치로 두들겨 맞고 왔다고 얘기해요."

물론 공감에는 굉장한 힘이 있기에 나도 더 공감하기 위해 노력한다. 충분한 공감이 이루어지면 자연스럽게 내담자 혼자서 마음속 답을 찾게 되는 경우도 많다. 이런 경우를 다수 봐왔다. '항상 내담자 속에 답이 있으니 네가 앞서 나가지 말라'는 정신분석 스승들의 가르침도 잊지 않으려 노력한다.

그렇지만 공감만으로 끝나서는 안 된다고도 생각한다. 같은 실수가 반복되고 있는 사람을 공감만 하며 지켜보고 있는 것은 직무유기라고 느낀다. 운동할 때 트레이너에게 잘못된 자세를 교정받아야 효율이 좋아지고 부상도 예방되는 것처럼, 마음도 똑같다. 아무리 내 몸은 내가 제일 잘 안다고 느껴도 틀린 자세는 틀린 것이다. 그때 교정해야 할 지점이 트레이너에게 한눈에 들어오는 것처럼, 마음 들여다보는 일을 업으로 삼고 있는 내게는 내담자들의 마음속 몇몇 포인트들이 확 눈에 들어온다. 그래도 참고 또 참다가 어느 정도 때가 됐다 싶을 때 질문을 던진다. 분명 공감하는 모양새의 질문은 아닐 테니, 조심스럽게.

너는 내가 가장 잘 안다는
기이한 확신

눈물이 잦아진 후 L에게 조심스럽게 물었다.

"그런데 그 사람에 대해서 뭘 알아요?"

침묵이 흐른다. 이 질문에 자신 있는 대답이 술술 이어지는 경우는 보지 못했다. 이번에도 슬픔으로 가득 차 있던 눈동자가 자기 내면으로 향하는 것이 보인다. 그럴 수밖에 없다. 세상을 다 잃은 것 같은 슬픔, 죄책감, 아쉬움, 분노의 감정들이 휘몰아치는데 생각해보면 사실 L과 그의 연인은 서로를 알게 된 지 겨우 두 달 되었을 뿐이다.

사람을 알아 가기 위해서는 충분한 시간이 필수적이다. 서로를 얼마나 깊이 이해하는지가 꼭 시간에만 비례하는 것은 아니지만, 그래도 시간이 필요하다. 여러 경험들을 함께하다 보면, 아무리 단순해 보이는 사람도 그 내면 세계는 다를 수 있다는 걸 보게 되기 때문이다. 사람을 안다는 것은 얼마나 어려운 일인가. 진료실에선 이런 요청도 종종 받는다.

'이렇게 상담을 해왔어도 제가 어떤 사람인지 모르겠어요. 그래도 선생님은 저를 오랫동안 봐왔으니까, 선생님이 생각하는 저에 대해 얘기해주세요.'

몇 년째 매주 보고 수백 번을 만난 사람이라도 답하기 쉽지 않다. 수십 년 삶의 모든 순간에 주인공으로 살아온 그 자신도 잘 모르는데, 사람 보는 게 직업인 정신과 의사에게도 누군가를 알아가는 것이 참 어렵고 오래 걸리는 일인데, 이걸 세상에서 가장 쉽다고 느끼는 이들이 있다. 바로 연인들이다. 특히 이제 갓 만나기 시작한 연인들이 그런다.

그들은 상대에 대해 확신한다. 얼마 지나지도 않았는데 순식간에 가까운 사이가 만들어지고, 서로에게 많은 것을 내어준다. 그렇게 세상에서 가장 특별한 사이가 되어버린다. 마치 헤어져 있던 내 반쪽을 찾기라도 한 것처럼. 연인에게 십년지기 친구들이 있을지라도 그가 나와의 관계를 우선으로 여기길 바라고, 그걸 당연시한다. 연인 사이니까! 그에 대해 가장 잘 아는 사람도 나다. 연인 사이니까! '사랑에 빠져서 정신이 나갔지'라고 말하는 주위 사람들에게 반발심이 든다. 특별한 우리 사이에 대해 잘 알지도 못하면서 내뱉는 말에 화가 날 뿐이다.

연애를 해보았든 아니든 모두가 이 강렬한 감정을 느껴보았을 것이다. 첫 사랑의 두근거림, 호감을 품은 상대와 연인 관계로 이어질 때 그 설렘. 하루 종일 생각나고 휴대폰 배터리가 바닥날 때까지 통화하던 그때. 우리 모두가 그저 사랑에 빠졌으니까, 연인 사이니까 당연하다고 느끼지만 분명 이 시기는 일반적이지 않은, 더 직설적으로 말하자면 제정신이

아닌 것 같은 면이 있다. 그러니 정신분석학자들도 이 시기에
지대한 관심이 있을 수밖에.

'사랑에 빠지는 느낌'에
숨은 비밀

이 이상한 시기의 마음은 사랑과는 또 다르다는 것이 공
통적인 의견이다. 융 심리학에서는 '로맨스'와 '사랑'을 구분해
야 한다고, 미국의 정신과 의사 스캇 펙M. Scott Peck은 '사랑에
빠지는 경험'과 '참사랑'을 구별해야 한다고 말했고, 에리히
프롬은 '빠지는 것'은 사랑이 아니라고 보았다. 하지만 우리가
참 많이 하는 표현이자, 정신분석학의 대가들도 썼던 '사랑에
빠진다'는 말, 이 말은 문화권을 가리지 않고 놀라울 정도로
동일하게 사용된다.

Fall in love 사랑에 빠지다

恋に落ちる 사랑에 떨어지다

陷入愛河 사랑의 강에 빠지다

Tomber amoureux 사랑에 떨어지다

Enamorarse 사랑에 빠지다

왜 이렇게 한결같은 표현일까. 아마도 그때의 우리가 물에 빠져 헤어 나오기 어려워하는 사람처럼, 평소의 통제력을 잃어버린 채 사랑의 급류에 휩쓸려가는 모습이라서가 아닐까. 스캇 펙은 이를 '자아의 경계가 무너진 상태'라고 표현했다. 사랑에 빠진 이들은 서로의 경계가 허물어지며 마치 하나가 된 것 같은 감정을 느끼기 때문이다.

방에서 글을 쓰고 있는데 훌쩍거리는 소리에 놀라 거실로 나와 보니 드라마 〈폭싹 속았수다〉를 보던 아내가 벌게진 눈으로 말했다. "관식이가 애순이한테 가려고 바다에 뛰어들었어." 모두가 깜짝 놀랐지만 이미 사랑이라는 강에 빠져 헤엄치고 있던 관식에게 연인을 위해 바다에 뛰어드는 것은 특별한 일이 아니다. 떨어져 있는 내 반쪽에게 다가가는, 너무도 자연스러운 흐름이다.

이 정도로 신기한 상황을 과학자들이 내버려두었을 리 없다. 그 감정의 정체를 밝혀내지 않고서는 못 견뎠을 테다. 그리하여 현대의 뇌과학자들은 사랑에 빠진 상태의 지원자들을 그대로 엠알아이MRI 기계에 넣어 그들 뇌의 특성을 분석해보았다. 그 결과 밝혀진 뇌의 상태는 충격적이었다. 말 그대로 정상적이지 않았다. 여러 연구 결과들에 따르면 사랑에 빠진 뇌는 마치 중독 환자들의 뇌처럼 보상회로가 활성화되고 도파민이 과하게 분비된다. 상대방에게 중독된 상태인 것이다. 또한 강박증 환자들처럼 뇌 속 세로토닌 수치가 낮아져 있는데, 이로 인해 상대방에 대한 생각이 끝없이 떠오르며 도저히 멈출 수가 없는 것이다.[1]

　어제까지도 전혀 몰랐던 사람을 오늘은 내 운명의 반쪽으로 느끼게 만드는 이 마력은 이처럼 실제 뇌의 변화까지 일으킨다. 대체 이 마력의 정체는 무엇일까? 믿을 수 없이 강력한 이 순간의 경험을 수많은 작품들과 명곡들이 아름답게 노래해왔다. 하지만 분석이 직업인 나는 놀라운 이 경험을 오로지 아름다움으로만 바라볼 수는 없다. 모두에게 언제든지 찾아올 수 있는 이 '사랑에 빠지는 느낌'에는 여러 비밀이 숨어있다. 이것을 불러일으키는 시작 버튼도, 그 때문에 나도 모르는 사이 삶에 드리워진 거대한 영향도, 상상도 못했던 꽤나 심각한 부작용들도. 이 비밀들을 파헤치기 위해 지금부터 '사랑'이라는 이름의 아름다운 포장지를 한 겹씩 벗겨내보려 한다.

왜 그를 사랑하는지 답할 수 있나요?

—— 운명적 사랑이라는 가스라이팅에서 벗어나기

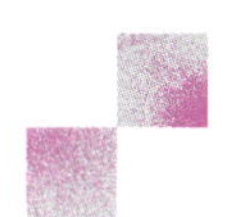

　사랑과 정신분석에 관한 글을 쓰는 요즘, 운전 중 차에서 흘러나오는 노래에도 괜히 더 귀 기울여진다. 나는 아내가 설정해둔 플레이리스트의 음악을 무념무상으로 흘려듣는 편인데, 그날 따라 내 머릿속을 파고드는 가사가 있었다.

너의 품은 항상 따뜻했어

고단했던 나의 하루에 유일한 휴식처

나는 너 하나로 충분해

긴 말 안 해도 눈빛으로 다 아니깐

처음 내게 왔던 그날처럼

모든 날, 모든 순간 함께 해

_폴 킴 노래, 어깨깡패 작사·작곡, 〈모든 날, 모든 순간〉, 2018

너무 좋다. 달콤한 멜로디와 가사에 나도 모르게 따라서 흥얼거렸다. 그런데 난 분석하는 직업이니까, T망치를 휘두르는 사람이니까, 이 노래 역시 달콤하다는 이유로 그냥 넘겨줄 수만은 없었다. 잘 살펴보면 이 짧은 구절 안에 '사랑에 빠지는 느낌'이 가져다줄 수 있는 부작용들이 숨어 있다. 앞 장의 L 역시 자신의 남자친구에게 이렇게 느꼈다. 긴 말 안 해도 눈빛으로 서로 다 안다고. 그래서 나는 그가 헤어진 후에 이런 질문들을 던졌다.

"그에 대해서 뭘 알아요?"
"왜 좋아했어요? 어떤 부분 때문에?"
"그 부분에 더 끌리게 된 당신만의 이유는 어떤 것이 있어요?"

쉽사리 답이 나오지 않는 질문들이다. 우리는 사랑에 빠질 때 지금이 바로 세상이 그토록 노래해온 운명적인 순간이라고만 여길 뿐, '왜 나는 너를 사랑하는가'에 대해 생각하지 않는다. 인생에서 가장 중요할 수도 있는 투자의 순간에 이유를 생각하지 않는 꼴이다. 잘 알지도 못하는 투자처에 그냥 느낌으로 전 재산을 배팅하는 중이다. 우리는 왜 그럴까? 정체도, 이유도 모르면서 왜 운명의 반쪽이라 느끼는 걸까?

완벽한 나의 반쪽,
'마법의 타자'라는 환상

앞서 말했듯 모든 관계는 투사로 시작한다. 내 안에 운명의 반쪽에 대한 환상과 기대가 있었기에 그것이 상대방에게 투사되는 것이다. 연애도 마찬가지다. 사랑에 빠지는 느낌은 달콤하다. 뇌를 변화시킬 정도로 지나치게 달콤하다. 중독된 채 강박적으로 몰두하게 만든다. 그리하여 수천 년 전부터 오늘날까지 온갖 예술 작품들의 근원이 되었고, 그것들이 쌓이고 쌓여 더욱 강력한 힘을 발휘하게 되었다. 우리는 어릴 때부터 운명의 반쪽을 이야기하는 동화를 읽고, 사랑을 모르는 나이부터 사랑에 대한 말로 가득 차 있는 유행가를 따라 부른다. 운명적 만남을 예찬하는 로맨틱 영화와 드라마들이 끊이지 않고 나온다. 어쩌면 이 과정을 통해 일종의 집단 가스라이팅이 일어난 것인지도 모르겠다. 마치 어린 아이들이 산타를 믿는 것처럼. 하지만 이 경우에는 더 강력하다. 세대와 문화권을 가리지 않고 마음속 깊이 이런 메시지가 각인되어 있다.

'이 세상 어딘가 네 진정한 반쪽이 있고, 아직 찾지 못했더라도 어느 순간 운명처럼 나타날 것이며, 그때서야 네 삶이 완성될 거야.'

이것이야말로 현대 문명이 만든 가장 큰 오해라고 융 심리학은 말한다.

평생에 걸쳐 노출되는 이와 같은 '집단 가스라이팅' 때문에 우리는 중요한 것을 놓치면서 산다. 그래서 '너는 날 왜 좋아해?'라는 연인 사이의 흔한 질문에 많은 이들이 놀라거나 피해가는 대답을 하게 되는 것이다.

"그냥! 이유 같은 게 어디 있어. 그냥 좋은 거지. 이유가 붙으면 그게 사랑인가?"

아마도 내심은 이럴 테다. '그런 걸 왜 물어? 서로 불편해지게. 우리는 그냥 좋은데? 운명적인 사랑이니까.'

운명적 만남이라는 달콤함은 모든 것을 덮어버리기에, 내가 왜 좋아하는지, 무엇에 끌렸는지, 상대방에게서 무엇을 보고 있는지 자문하는 과정을 막는다. 운명적인 사랑으로 남겨두지 않고 그 환상을 파헤치는 것은 불편한 작업이 되고 만다. 모르는 상대방을 사랑하게 되는 이 놀라운 상황에 의문을 갖지도 못한다.

나 역시 그러했다. 당연히 내게도 어린 시절 첫사랑이 있었고, 엄청나게 설레어했다. 그런데 자신감이 없고 거절에 대한 두려움만 많던 나는 그 관계를 연애로 이어나가지 못했다. 뭐 이유가 한둘이었을까. 돌이켜보기 싫을 정도로 나는 미성숙 덩어리였다. 그 첫사랑에 대한 아쉬움은 꽤나 오랫동안 마음속에 남아 있었다. 정신과 의사가 되어 연애 심리에 대한 글을 쓰고 있는 지금, 아주 오랜만에 이 과거에 대해 자문해본다. 나는 그 사람에 대해 무엇을 알고 있었을까? 정말 놀라울 정도로 거의 없다. 당연하다. 대화를 제대로, 길게 나눠본 적도

거의 없으니. 성격도, 대인관계 패턴도, 취미도 잘 모른다. 그저 운명적 순간이기를 혼자 바라고 혼자 속앓이했을 뿐이다.

운명적인 사랑의 형상을 조각하는 무의식

그렇다면 우리는 세상의 수많은 사람 중 누구를, 어떤 대상을 골라서 운명의 반쪽이라 여기게 되는 걸까? 우선 내가 바라고 선호하는 것으로부터 내 마음에 대한 단서들을 찾아낼 수 있다. 그저 타고난 취향이라 여기며 당연하게만 여겨온 것들, 예를 들어 내가 바라는 상대방의 외모, 키, 목소리, 패션, 성격과 태도, 직업, 집안 환경 등 모든 요인들에 나도 몰랐던 내 마음 조각들이 숨어 있다. 그뿐 아니라, 피부 톤이나 손 크기 등 사소한 것처럼 보이지만 그 안의 무의식적 의미들이 연애 패턴에 매우 큰 영향을 끼치기도 한다. 당사자가 모르는 와중에도 이러한 무의식의 조각들이 삶을 조종하고 있다는 걸 진료실에서 수없이 확인했다.

또한 연애하는 시기가 언제인지를 보고 마음속 또 다른 무의식의 조각을 유추해볼 수도 있다. 시기는 그저 운명이나 우연이 아니다. 그때 딱 매력적인 사람이 등장했기 때문만도 아니다. 그 시기 역시도 내 마음속의 어떠한 소망이 투사되어 결정된 것이다.

L 역시 그러했다. 그의 연애들도 자신의 마음속 오래된 환상을 상대에게 투사한 결과였다. 그리고 그 환상의 정체는 L의 과거 연애 패턴, 특히 연애가 이루어진 시기를 통해 유추해볼 수 있었다. 그의 연애는 대학 입학과 회사 취업 직후, 즉 그가 집단의 신입 구성원이 되었을 때만 일어났다. 물론 주변에서 쉽게 볼 수 있는 흔한 이야기이기에 많은 경우 별다른 의미가 숨어 있지 않을 수도 있지만, 자유연상을 통해 답을 찾아가는 과정에서 이와 관련한 예상치 못한 마음 조각들을 발견했다.

L은 어린 시절 집에 홀로 있는 시간이 길었다. 자신을 위해 일하는 엄마를 생각해서 힘든 기색을 내지 않았고, 덕분에 친구들에 비해 훨씬 더 독립적으로 많은 것을 할 수 있는 아이가 되었다. 하지만 적막한 집에서의 긴 시간이 이유 없이 무서울 때도 있었다. 당연하게 받아들이러 애써도 아주 가끔씩은 슬픔을 피할 수 없었는데, 특히 학교 입학식이나 졸업식에서 가족들에게 둘러싸인 친구들과 달리 혼자인 자신을 마주할 때 그랬다. L은 외로움이 싫었다. 어른이 되면 일찍 결혼해서 가정을 꾸리고 싶었다. 외로움을 느끼지 않도록 마음속 빈자리를 완벽히 메꿔줄 상대를 바랐다.

물론 이와 비슷한 환경에서 자란 사람들의 마음이 모두 동일하진 않다. 여러 요인들이 복합적으로 작용한다. 대표적으로 타고난 기질에 의한 차이도 있다. 자극추구성이 강한 사람들은 이 외로움으로 인한 빈자리를 메꾸려 친구나 연애 대상을 계속해서 찾는 반면, 위험회피성이 강한 사람들은 쉽게 모험을 시도하지 못한다. L이 그러했다. 강렬하게 바라면서도 모험이 쉽지 않다. 또 다른 이유도 마음속에서 찾아냈다. 어떤 이를 만나고 싶냐는 내 질문에 L은 '배울 것이 많은 사람'이라 답했다. 왜 그런지 모르겠지만 어릴 적부터 이런 기준과 소망을 가지고 있었다.

"좋은 기준일 수도 있지만 하필 대체 왜 이것일까요?"

"자연스럽게 아빠가 떠올라요. 엄마를 정말 힘들게 하고 상처 주던 아빠의 모습이요. 그래서 연애가 두려웠어요. 그래도 한다면 배울 만한 점이 많은 어른다운 사람과 만나야 한다고 생각했어요."

집을 떠나 새로운 지역의 대학에 입학할 때, 학교를 졸업하고 직장인의 세계로 들어갈 때, 낯선 곳에 혼자 던져진 듯한 그 느낌에 L은 외롭고 무서웠다. 그때 눈앞에 나타난 학교 선배와 직장 선임은 '어른스럽고 배울 점이 많은 사람'이라는 그의 소망을 투사하기에 적합했다. L에게 연애는 두려운 것이었기에, 그렇게 시기와 대상이 충족될 때만 사랑에 빠져들 수 있었다.

나는 L의 이야기를 들으며 그의 소망이 투사되었을 남자 친구들의 모습을 떠올려보았다. L보다 몇 살씩은 많았겠지만 그래도 혈기왕성한 20대였을 그들이 과연 얼마나 어른스러울 수 있었을까. 20대 때의 나와 내 친구들 모습이 스쳐 갔다. 성인이라지만 그래도 그 나이 대에 연애를 하면서 어른스러운 모습만 보인다면 그게 이상한 일일 테다. 누가 되더라도 L의 기준에 합격할 순 없었을 것이다. 모래성이 높아질수록 버티기 힘든 것처럼, 투사된 기대와 소망이 크면 클수록 그 연애는 더 빠른 시기에 무너져 내리기 시작한다. 오랜 시간 쌓인 마음이라 무너질 때의 상실감도 크다. 한두 달 만난 연인 사이가 끝났다 하더라도 그때의 좌절감은 20년간 쌓여온 소망이 무너진 만큼일 테니까.

'그냥 만나지 말았어야 했다'며 후회하고 자책하는 L의 모습에 나 역시 안타까웠지만, 동시에 이번 연애가 L에게 큰 선물을 주었다는 생각이 들었다. 덕분에 자신의 연애 패턴을 알아차리지 않았는가. 소망과 현실 사이의 괴리를 보았기에 어쩔 수 없는 슬픔에 빠졌지만, 짝사랑으로만 끝나는 경우 이런 소중한 실패를 경험하지 못한다. 투사된 환상이 계속 이어질 뿐이다. 그래서 흔히들 첫사랑은 못 잊는다고 하는 것일 테다. 짝사랑에 대한 환상의 잔재는 이후의 관계에도 악영향을 미친다. '그 사람을 만났더라면, 이런 어려움을 겪지 않았을 텐데.' 가지 못한 길에 대한 환상과 지금을 비교하며 눈앞의 사람에게 온전히 집중하지 못하게 된다.

사랑이 변한 게 아니라
무너진 자아의 경계가 회복되는 것

운명적 만남이라는 환상의 부작용은 이것으로 끝나지 않는다. 꽤나 많은 연애들이 사랑에 빠지는 단계가 거의 생략된 채 시작된다. 특히나 이전 연애에서 받은 상처가 마저 회복되지 않은 시기이거나, 어릴 때와 달리 조금 더 나이가 든 후의 연애가 그런 경우일 수 있다. 연애는 시작되었지만 자아의 경계가 무너지지 않은 그들의 마음은 어떨까? 자아의 경계가 유지되는 만큼 안정적일 것 같지만, 꼭 그렇지만은 않다.

'예전에 연애할 때와 다르게 설레지 않는데, 이게 이 사람을 그만큼 사랑하지 않아서 그런 걸까요? 이게 사랑인지 아닌지 누가 시원하게 답을 알려줬으면 좋겠어요.'

'이 사람은 저를 열렬히 좋아하는 거 같은데, 저는 시간이 지나면 그럴 수도 있겠지만 솔직히 아직 그 정도는 아닌 것 같거든요. 그런데 지금 확신 없이 계속 만나는 건 제가 나

쁜 것 아닐까요?'

어색함, 회의감, 죄책감 등 그들이 느끼는 감정은 당연하다. 지금 무언가 잘못된 것 같다. 어릴 때부터 쭉 믿어왔던 사랑의 느낌이 아니니까. 그러나 사랑에 빠지는 느낌이 없다고 해서 인연이 아닌 것은 아니다. 사랑이 시작되는 마음의 방식은 다양한 것이라고 안심시키지만, 동화 같은 운명의 스토리에 가스라이팅 당해온 그들의 불안은 쉽사리 가라앉지 않는다.

또한 결정적 문제는 모두가 알다시피 이 사랑에 빠지는 단계가 길게 가지 않는다는 점, 그리고 연인 둘 사이에서도 시간 차가 있다는 점에 기인한다.

'처음 내게 왔던 그날처럼 모든 날, 모든 순간 함께 해'

이 노래와 같은 심정으로 시작되었지만, 분명 진심이었지만 처음의 강렬함은 영원히 유지될 수 없다.('나는 달라! 우리는 다를 거야!'라고 지금 느끼는 분들에게는 미안한 마음을 전한다. 하지만 사실은 사실이다.) 연애 초창기의 뜨거움에 뒷전으로 밀렸던 다른 관계, 일, 취미 생활 등의 일상들이 다시 조금씩 제자리로 돌아온다. 당연한 흐름이다. 사랑하지 않는 것도, 상대방을 떠난 것도 아니다. 무너졌던 자아의 경계가 저절로 회복되며 일어나는, '참사랑'으로 넘어가기 이전에 거쳐야만 하는 단계일 뿐이다.

　문제는 받아들이기 어렵다는 것이다. 상대방이 먼저 변해도, 내가 먼저 변해도 어렵기는 마찬가지다. 거듭 말하듯 차분히 생각해보면 당연한 변화이지만, 사람의 마음은 원래 합리적으로만 돌아가지 않는다. 비이성적이고 감정적인 부분이 훨씬 더 큰데, 하물며 사랑에 빠진 상태에서는 오죽할까. 처음의 설렘이 지속되지 않음을 느낀 그 시기에 많은 이들은 사랑이 끝났다고 받아들인다. 높은 댐이 무너질수록 물길이 거센 것처럼, 운명이라 믿었던 확신이 클수록 더 커다란 실망감, 분노, 죄책감, 후회 등의 격류가 마음을 휩쓴다. 그리고 그 감정의 소용돌이 속에서 우리의 무의식은 미숙한 심리 방어기제들을 사용한다.

　예를 들어, 내 탓이 되면 더 힘들기에 상대방에게 전치, 투사한다.

　'네가 변했어!(네가 먼저 변해서 내 마음에도 변화가 생긴 거야. 이번이 운명적 인연이 아니었던 것은 내 잘못이 아닌, 네 변심이 망쳐버린 탓이야!)'

　합리화, 지식화도 흔하게 사용된다.

　'사랑의 유통기한이 몇 개월 밖에 안 된다는 건 뇌과학으로도 입증되었다던데? 다 호르몬 변화에 의한 것뿐이래.'

　실망감이 너무 큰 나머지 평가절하의 방어기제를 강하게 쓰기도 한다.

'쇼펜하우어가 그랬대. 사랑은 그저 성욕이라고…'

이렇듯 '사랑에 빠지는 경험'과 '참사랑'을 구분하지 못한 채 튀어나오는, 사랑에 대한 잘못된 단언들은 세상에 많이 존재한다. 평소에는 흘려듣던 말들도 상처받은 마음속으로는 훅 파고든다. 그리고 이런 말을 하는 사람들은 그에 동의하는 사람들을 더 찾아내 더 많은 동질감과 위안을 얻으려 한다. 그 결과 사랑에 대한 양극단의 표현들이 세상을 지배하게 되었다. '운명적 사랑을 만나 평생 행복했습니다'라는 동화 같은 이야기와 '타인은 지옥이다', '인생 어차피 혼자서 사는 것이다' 같은 냉소적 말들이 동시에 우리 주변을 떠돈다. 기대감만 키우는 말들과 상처를 자극하고 지속시키는 말들만 무성할 뿐, 시작한 사랑을 어떻게 안정되게 이어나가야 하는지는 세상의 주된 관심사에서 밀려나 있다.

그렇다면 로맨스와 구분되는 사랑이란 무엇일까. '사랑에 빠지는 경험'과 구분되는 '참사랑'은 어떤 것일까.

왜 사랑이 변할까?

—— 투사라는 환상에서 참사랑으로 나아가기

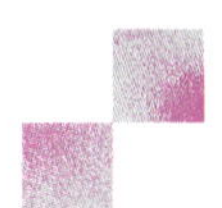

아이와 차를 타고 가던 어느 날, 무슨 생각이 들었는지 아이에게 90년대 가요를 찾아 들려주었다. 네 나이 때 나는 이런 노래를 들었다며. 서태지와 아이들의 〈하여가〉부터 시작된 플레이리스트가 H.O.T.의 〈Candy〉로 이어졌을 때, 아이가 문득 질문을 던졌다.

"근데 이 노래는 가사가 왜 이랬다저랬다 해?"

너 몰래몰래, 몰래 다른 여자들과 비교, 비교했지
자꾸만 깨어지는 환상 속에 혼자서 울고 있는
초라하게 갇혀버린 나를 보았어
널 떠날 거야 음, 널 떠날 거야, 음
하지만 아직까지 사랑하는 걸

그러고 보니 그랬다. 이 노래는 정신과의 핵심 개념인 내적 갈등을 다루고 있었다.

"원래 사람 마음이 여러 개야. 여러 마음이 싸우고 있는데, 그 과정을 그린 거지."

그리고 아이와 함께 노래 가사를 처음부터 짚어보며 마음이 어떻게 흘러갔을지 해석해보기 시작했다. 와… 살아오며 최소 수백 번 들을 동안 한 번도 의식해본 적이 없었는데, 이 불멸의 히트곡 속에 심오한 연애 심리가 숨어 있었다.

"원래 사람들이 처음엔 다 모르고 만나. 그냥 반하는 거지. 자, 여기서 뭐라고 하지? 자꾸만 깨어지는 환상 속에 혼자서 울고 있다고 하지? 환상이 깨져서 애는 실망하고 상처받고 헤어지기로 마음먹은 거야. 그런데 그렇다고 바로 헤어지면 길게 가는 연애가 가능할까? 그러면 엄마, 아빠도 결혼

못 했을걸? 환상이 깨져도 다음 단계로 넘어가야 할 때도 있어. 그걸 참사랑이라고 하는데, 노래 가사 속 애도 그렇게 마음을 먹은 거야. 이제는 나를 변화시킨다고 하잖아."

"아, 무슨 말인지 알겠어. 다른 마음들끼리 싸우는 거니까, 그래서 각각 다른 사람이 부르는구나. 근데 참사랑이 뭔데? 뭐가 다른데?"

운전하면서 더 이상의 자세한 설명은 쉽지 않았다. 훗날 아이가 참사랑의 진정한 의미를 스스로 묻게 되는 날이 온다면 펼쳐보길 바라는 마음으로 이 글을 남긴다.

사랑의 시작은
당신 위에 겹쳐진 내 환상이었다

거듭 말하지만 누구에게나, 어느 커플에게나 그 시기가 찾아온다. 앞뒤 가리지 않고 삐져들었던 로맨스의 깊이기 저절로 얕아진다. 무너졌던 자아의 경계가 회복된다. 그리고 갈림길에 선다. 헤어지거나 참사랑으로 이어가거나. 어쩔 수 없다. 점점 더 그 사람을 잘 알게 될수록 내가 투사하던 환상과 현실의 괴리가 보인다. 실망할 수밖에 없는데, 그 실망이 나의 투사 때문이었다는 것을 알게 된 사람에게는 변화의 여지가 생긴다. 하지만 우리는 흔히 상대방을 탓하고, 운이 없다며 자기 운명을 자조한다. 그게 더 간단하고 쉬운 사고방식이기에. 그리고 이 과정을 반복한다. 우리 주변에서, 우리 자신의 삶 속에서 이러한 순간들은 너무나 쉽게 찾을 수 있다(물론 나 역시 그랬다). 그래서 영화나 드라마의 단골 소재가 되기도 한다.

타인의 이야기는 진료실에서 듣는 것만으로 충분하다고 생각하기 때문인지, 나는 드라마를 정말 안 보는 편이다. 마음 한편에는 아무리 잘 짜인 각본일지라도 진료실에서 듣는 사람들의 한없이 복잡한 마음을 온전히 반영해주지 못한다는 생각도 있었다. '너네가 실전을 알아?'라는 건방진 마음 같은 것일 수도. 그랬던 내가 최근 드라마 〈멜로무비〉를 마지막 장면까지 몰입하여 완주했다. 단순히 본 것만으로 끝나지 않았다. 나도 모르게 등장인물들의 심리를 하나하나 적고 있는 것 아닌가. 달달한 감정을 느끼며 재밌게만 봤던 사람들에게도 다시 돌아보면 좋은 연애 지침이 될 수 있을 만한, 웰메이드 멜로드라마라는 생각에 소개해보려 한다.

〈멜로무비〉는 각자 상처와 소망을 지니고 있는 네 명이 만들어가는 두 연애 이야기다. 이들의 연애 역시 투사로 시작된다. 부모를 일찍 여의고 집에서 혼자 보낸 긴 시간을 전부 영화와 함께했던, 영화를 인생의 전부로 생각하는 고겸(최우식 배우). 그는 처음 엑스트라로 참여한 영화 촬영장에서 조연출 김무비를 보는 순간 사랑에 빠진다. 이름 자체가 '영화'인데다 영화감독의 길을 걷고 있는 김무비는 고겸에게 완벽한 투사의 대상이 될 수밖에 없었다. 그야말로 인생을 던질 만한 이상형이다.

딸의 이름을 '무비'라고 지을 정도로 영화광이었던 아버지를 둔 김무비(박보영 배우). 그는 사랑을 많이 받으며 자랐지만 그럼에도 영화에 밀려 아버지의 1순위가 되지 못했다고 느꼈던 과거가 뿌리 깊은 상처로 남아 있다. 아버지가 과로로 세상을 떠난 후, 그 정도로 영화에 미친 사람은 평생 다시 못 볼 줄 알았던 무비에게 고겸이 나타난다. 그것도 자신을 좋아한다는 고백과 함께.

투사의 흔한 다음 단계가 '전이'다. 과거 중요한 인물(주로 부모)에게 느꼈던 감정이 현재의 타인에게 무의식적으로 옮아가는 것이다. 김무비의 경우 과거 아버지와의 심리적 문제가 해결되지 않았기에 그와 비슷한 사람을 바라던 소망이 고겸에게 투사되었고, 이후 아버지에게 느꼈던 감정이 고겸에게로 옮겨졌다. 좋으면서도 밉고, 화가 나면서도 보고 싶다. 그렇게 불가항력적으로 빠져든다.

고겸과 김무비는 마치 운명의 반쪽을 만난 것 같고, 서로에 대해 잘 아는 것 같지만, 사실 서로에 대해 정말 아는 것이 거의 없다. 우리가 잘 모르는 새로운 사람에게 끌리는 이유는 그 사람을 모르기 때문이다. 모르는 만큼 더 새하얀 도화지 같은 여백에 내가 가지고 있는 환상을 투사하고, 이전의 중요한 관계를 전이시킨다. 고겸과 김무비의 사랑 역시 그러했고, 그 투사와 전이의 감정이 엄청난 크기였던 만큼 연애가 순탄히 흘러갈 리 없었다. 그토록 거대한 환상은 깨질 수밖에 없으니까. 상대방은 그저 그 사람이지, 내 환상과 똑같을 수 없으니까. 깨졌던 그들의 연애가 다시 흘러가기 위해 필요한 것은 시간이었다. 투사와 전이의 감정이 천천히 씻겨 나가고, 비로소 있는 그대로의 상대방을 바라볼 수 있을 때까지의 시간.

금방 깨져버린 고겸-김무비 커플과 달리 이 영화의 또 다른 커플은 참 오랜 시간을 함께했다. 자세하게 드러나진 않지만, 그들의 연애 역시 투사로 시작되었음을 유추할 수 있다. 속마음은 감추며 상대방에게 맞추는 것에만 익숙한 주아(전소니 배우)는 시준(이준영 배우)의 자신감에 찬 목소리, 당당한 모습, 자신이 원하는 것은 어떻게든 가지려 하는 태도에 강하게 끌린다. 반면 시준은 겉으로는 자신감이 넘치지만 내면에서는 스스로를 믿지 못한다. 뮤지션의 길을 응원해주지 않고 문제아처럼 보는 가족들의 태도 때문인데, 그런 자신에게 '넌 천재야!'라며 무한 응원하는 주아의 모습은 그야말로 천사 같이 보이지 않았을까. 둘 다 자신들이 지닌 큰 결핍만큼 간절한 이상향을 서로에게서 발견하고 사랑에 빠져든다. 그렇게 시작된 연애는 쭉 같은 모습으로 이어지는 듯했다. 시준은 작곡하고 주아는 옆에서 응원하며, 마치 연예인과 팬 같은 모습으로.

그러나 아무리 아름다워도 사랑에 빠진 시기는 결국 끝이 있다. 무너졌던 자아의 경계가 저절로 회복되기 때문이다. 사랑에 빠졌을 때는 자신의 모든 것을 버리고 시준에게만 맞추어 살던 주아가 점차 이상함을 느낀다. 이게 맞나? 나는? 내가 사라지는 것은 아닐까? 이런 불안감을 조심스레 꺼내보지만 시준에게는 전달되지 않는다. 때로는 행복하게, 때로는 버티며 7년의 연애를 이어가던 주아는 결국 떠난다. 마음 아프지만 자신을 위해서. 그리고 이별의 이유를 알 수 없어 분노와 그리움을 가지고 살던 시준 앞에 5년 만에 주아가 다시 나타나는데, 오랜만에 나타난 주아는 과거에 알던 사람이 아니다. 좋아하는 음식부터 음악, 취미까지 모두 자신과 취향이 똑같은 줄 알았는데, 실은 그렇지 않았다는 말에 시준은 너무도 혼란스럽다.

"7년을 만났지만 우리는 서로를 잘 몰라. 그러니 헤어졌지."

그 긴 시간을 함께했어도 참사랑에 이르지 못했다.

있는 그대로의 너를 보는 일,
참사랑의 시작

———

대체 참사랑이 무엇이기에 이토록 오래 노력한 연인들도 그 단계에 이르지 못했을까? 그들의 사랑에서 무엇이 부족했던 것일까? 답을 찾기 위해서는 계속 질문을 던지고 주위를 둘러보아야 한다. 먼저 답을 찾아 나섰던 이들의 흔적이 세상 곳곳에 남아 있기 때문이다.

내게 사랑이 뭐냐고 물어본다면
처음의 설렘보다 이 익숙함을 소중해할 수 있는 것
때론 맘 같지 않아도
포기하지 않고 서로를 바라보며
솔직해지고 이해할 수 있는 것
_로이 킴 노래·작사·작곡, 〈내게 사랑이 뭐냐고 물어본다면〉, 2024

모든 관계가 그렇듯, 사랑 역시 불완전한 두 사람의 만남이다. 그렇기에 불완전할 수밖에 없다. 그래서 이 노래처럼, 처음의 설렘과 달리 점차 드러나는 아쉬운 부분들을 당연하게 받아들여야 한다. 때론 내 마음 같지 않아도 익숙함이 소중하기 때문에 포기하지 않고 서로의 불완전함을 솔직히 인정하며 같이 메꾸어나가야 한다. 그렇기에 에리히 프롬은 빠져드는 것이 아니라 '참여하는 것'이 사랑이라고 말했고, 스캇 펙은 '자아의 경계를 확장하는 것'이라고 참사랑을 정의했다. 상대방의 생각과 행동이 때로는 내 마음에 들지 않아도 서로 솔직하게 대화하며 이해의 폭을 넓혀가는 것. 나와 다른 삶을 살아온 상대방의 시선으로 세상과 나 자신을 바라보며 생각의 주파수를 확장시키는 것. 그 과정에 혼자가 아닌 둘이 같이 참여하며 둘 모두 자아의 경계가 확장되는 것. 그게 진정한 사랑의 과정일 것이다.

"저는 원래 엄청 절약을 했어요. 생각 없이 쓰는 듯한 친구와는 거리를 좀 두었고요. 그런데 이번 연인이 처음 만날 때는 몰랐는데, 돈을 좀 쉽게 쓰더라고요. 길게 갈 관계는 아닌가, 헤어져야 하나 생각도 했는데, 그걸 제외하고는 좋으니까 고민을 더 해봤어요. 이 사람은 저보고 뭐라고 안 하거든요. 오히려 절약하는 모습이 좋다고, 자기도 좀 배워야겠다고 하더라고요. 그러다 보니 이젠 다른 생각이 들어요. 내가 너무 미래만 대비하느라 인생의 지금을 즐기지 못했구나. 이 사람이 사는 방식이 마냥 나쁜 게 아니라, 각각의 장점이 있는 것이었구나. 그래서 요즘은 평생 안 가본 전시회나 콘서트도 같이 가보고 있어요. 제가 그렇게 싫어하고 내심 경멸하던 모습인데, 해보니까 좋더라고요."

"솔직히 아직도 이해는 안 가요. 왜 그렇게 친구들과 노는 그 시간에 목매는지. 그 입장에서 생각해보려고 해도 안 돼요. 그런데 생각해보면 그 사람 역시 제 모든 모습이 이해되진 않을 텐데 그대로 받아들여주니까, 저도 그냥 이해해보려고 해요. 제가 사랑하는 사람의 모습이고, 뭐 나쁜 행동들은 아니니까요."

이런 말을 들을 때 나는 그들의 자아가 확장되고 있음을 느낀다. 이런 연애는 결국 헤어지더라도 서로에게 많은 것을 남긴다.

〈멜로무비〉 두 커플의 차이점은 여기에 있다. 시준과 주아는 연예인-팬의 관계로 설정된 초기 연애의 틀에서 벗어나지 못했다. 이는 자기 문제에 지나치게 매몰된 시준에게는 스스로의 마음을 들여다볼 여력이 없었기 때문이다. 그저 '긴 말 안 해도 눈빛으로 다 아는' 듯한 느낌에 시준은 몰랐지만 둘의 관계는 주아의 희생 위에 서 있었고, 이러한 연애는 길게 지속될 수가 없다.

반면 고겸-김무비 커플은 참사랑을 만들어가는 데 성공한다. 드라마 내내 눈에 들어온 이 커플의 인상적인 부분은 서로가 서로에 대한 질문을 계속 던지며 깊은 대화를 이어나가는 점이었다. 눈빛으로 다 아는 사이가 아닌, 모르는 것이 많은 서로에게 호기심을 갖고 이어가는 대화였다. 상대방의 지나친 투사와 전이를 예방하는 효과도 있지만, 무엇보다 이러한 대화는 스스로 중요한 것들을 깨닫게 한다. '나는 네게서 무엇을 보았는지', '나는 왜 너를 사랑하는지'와 같은 것들이다. 계속된 대화를 통해 김무비와 고겸은 서로를 투사와 전이의 대상이 아닌, 있는 그대로의 그 사람으로 바라보는데 성공한다.

모든 삶이 불확실성으로 가득 차 있는 가시밭길이듯, 연애 역시 그렇다. 참사랑의 단계에 들어선다고 해서 문제가 다 사라지는 것도 아니다. 상대방을 도저히 이해할 수 없는 상황이 계속 찾아오지만, 대화를 통해 얻은 이해를 바탕으로 용기 내어 믿어보고, 기다려보고, 다시 한 걸음 더 다가가야 한다.

사랑에 빠지는 구간과 참사랑, 이 둘의 구분이 워낙 중요하기에 길게 설명했다. 혹시나 '사랑에 빠지는 경험'을 부정적으로만 바라보게 될까 걱정도 된다. 물론 다소 부작용이 있기도 하지만, 결국 우리 삶에 반드시 필요하기에 모두가 이를 경험하게 되는 것이다. 봄, 여름이 없으면 가을도 없듯, 모든 계절이 각각의 모습으로 다 아름답듯, 사랑의 단계도 그렇다. '사랑에 빠지는 경험'은 그저 충동적이고 불합리해보이지만, 그렇기에 예상치 못한 일을 해낸다.

진료실에서 아픈 과거를 지닌 사람들을 만난다. 다시는 상처를 경험하고 싶지 않은 간절한 바람에 그들은 자기 마음을 철벽으로 가둬둔다. 철저하게 경계하며 대인관계의 거리를 지킨다. 사람에 대해서, 사랑에 대해서 지나치게 높아진 기준이 그들을 외롭고 우울하게 만든다. 그런데 사실 모든 사랑의 시작은 충동적이고 불합리할 수밖에 없다. 잘 모르는 상대방의 강물에 나를 던지는 것이니. 그 위험에 뛰어들지 않으려 애쓰지만, 결국에는 불합리한 충동의 에너지가 더 크기에 사랑에 빠져버리는 이들의 모습을 나는 계속 봐왔다.

비로소 좁은 성에서 벗어나 삶을 확장시킬 기회를 얻게 되었을 때는 진심으로 축하했다. 주말 진료를 보고 난 후 저녁에 글을 쓰고 있는 오늘도 인생 첫 연애의 시작을 알린 한 내담자에게 진심 어린 축하를 건넸다. 과연 이 불확실한 관계를 계속 이어나가도 될지 확신이 들지 않아 '썸 타는' 단계에서 망설이고 또 망설였지만, 알 수 없는 충동에 상대의 볼에 뽀뽀를 해버렸다고. 이후 사귀기로 했다며 멋쩍게 웃으며 말하는 모습이 참 보기 좋았다.

〈멜로무비〉의 김무비 역시 이 마음의 과정을 그대로 겪었다. 애써 사람에게 관심 없는 척, 냉정한 척했지만 불합리한 충동의 에너지에 굴복할 수밖에 없었다. 그런 자신이 이해가 지 않아 답답하고 화도 났지만, 사랑에 빠지는 비이성적 힘을 이길 수는 없었다. 상당수의 시청자들에게는 김무비와 고겸의 첫 키스 신이 너무도 급작스럽게 느껴질 수 있겠지만, 오랫동안 쌓아온 견고한 합리의 성이 사랑의 힘에 무너지는 것은 원래 한순간이다.

이런 대화들을 나눠도 진료실에서 만나는 많은 이들의 마음은 여전히 망설이는 중이다. 과거의 상처에서 생겨난 '타인은 지옥이다'라는 뿌리 깊은 믿음 때문에. 망설임은 당연하다. 안전이 보장되지 않는 관계에 어떻게 나를 던질 수 있느냐는 그들의 두려움에 공감한다. 그런 와중에 한 가지 던지게 되는 질문이 있다.

"그런데 저한테는 어떻게 왔어요?"

사랑은 불확실하지만 그 모든 순간 당신은 성장한다

정신과 의사와 내담자의 관계 역시 불확실성 속에서 시

작된다. 난생 처음 보는 사람을 찾아가 단 둘이 있는 방에서 자신의 내밀한 이야기들을 다 꺼낸다는 것은 상당히 불안한 일일 테다. 스캇 펙은 심리치료를 시작하는 것이야말로 가장 용감한 행동이라 말하기도 했다. 그래서인지 최근에는 많은 이들이 AI에게 상담을 받기도 한다. 몇몇 분들이 보여준 그 상담 내용은 너무도 충격적이었다. 현재 상황과 사용자의 심리를 분석해 대안들을 제시하는 것은 물론, 공감 능력이 매우 뛰어나 보였다. 이는 내 개인의 느낌만이 아니었다. 최근 진행된 실제 연구에서도 AI가 진단 정확성, 치료 플랜 등 모든 면에서 인간 의사들을 압도했는데, 충격적인 부분은 가장 큰 격차를 보인 부분이 바로 공감 영역이었다는 것이다. 의사들은 이 부분에서 AI에게 말 그대로 완패했다.[2]

AI의 완벽한 상담 내용, 실제 연구에서 드러난 인간의 완패 소식에 고민이 들었다. 당장 내 미래는 어찌해야 하지. AI는 이미 완벽에 가깝고 점점 더 완벽에 가까워질 것이다. 그렇다면 내가, 상담을 하는 사람이 그에 비해 더 나은 장점은 과연 무엇일까.

역설적으로 그건 내가 완벽하지 않다는 것, 그러므로 우리 관계도 완벽할 수 없다는 것이 바로 장점이 아닐까. 물론 의도적으로 AI에게 불완전한 사람을 흉내 내라고 요구할 수도 있겠다. 하지만 완벽을 가장한 완벽은 진정한 완벽이 아니듯,

진정한 불완전성은 사람 사이의 관계에서만 가능할 테다. 인간에게 승산이 있는 부분은 불완전성밖에 없다. 불완전할 수밖에 없는 상담은 분명 자신의 무의식을 들여다볼 기회이기도 하다. 내가 투사한 환상은 무엇이었는지, 그것은 어디서 비롯된 것이며, 내 삶에 어떤 영향들을 미쳐왔는지 등에 대해. 그리고 이 완벽하진 않지만 날 도우려는 충분히 좋은 사람과 서로 같이 노력하며 맞춰 가고, 그 과정을 통해 자아의 확장을 경험하게 된다.

그렇다면 상담치료와 참사랑의 목표와 지향점은 상당 부분 동일할 테다. 그래서 그랬구나 싶다. 나와의 완벽하지 않은 상담치료를 통해 자아의 확장을 경험한 이들이 자연스럽게 진료실 밖에서 사랑에 도전한 모습들을 계속 봐왔다. 오늘 내게 첫 연애의 시작을 알린 그 내담자처럼.

분명 며칠 전만 해도 확 따뜻해진 낮에는 반팔을 입어야 했는데, 갑자기 눈보라가 휘몰아친 어느 봄밤에 집 앞 카페에 앉아 이 글을 적고 있다. 간만에 부지런하게 살아본다고 겨울옷들 다 옷장 깊숙이 넣어두었는데 낭패감이 든다. 괜히 사람 마음을 날씨에 비유하는 게 아니구나 싶다. 어찌 이리 변덕스러울 수가. 하지만 새삼 또 깨닫는다. 그 무엇도 연애를 막지는 못한다는 사실을.

눈에 보이는 이 작은 공간의 모든 곳이 커플들의 북적북
적한 대화로 가득 차 있다. 날씨도, 사람의 마음도, 둘의 미래
도, 모든 것이 불확실하지만 지금 이 순간 눈앞에 있는 서로
를 바라보고 있다. 사랑에 빠진 시기이든, 참사랑 중에 있든,
눈앞의 상대가 완벽해 보이든, 환상이 깨지고 있어 다소 혼란
스럽든 간에, 지금 연애 중인 이 모두에게 진심을 담아 축하
하고 싶다. 지금 이 순간의 모든 대화가 당신을 성장시키는 중
일 테니.

2부

그 연애는 ——— 내게 슬픔 말고 ——— 무엇을 남겼을까

세상을 보는 시선, 애착

—— 전쟁 같은 사랑에서 안정 애착을 완성하는 사랑으로

카페에서 내가 앉은 자리의 앞쪽에 소개팅 나온 듯한 커플이 보였다. 다소 어색한 표정과 자세에서 내 먼 과거 모습이 떠오르기도 했다. 늘 북적거리는 곳이라 다른 사람들의 이야기가 귀에 들어온 적이 없었는데, 그날 따라 한산한 탓에 그들의 대화가 내 귀에까지 흘러들어왔다.

"저는 부모님이 부산 분들이라 집에서 말이 없는 편이에요."

별 생각 없이 들으면 그저 자신을 소개하는 짧은 한 문장이겠지만, 그 안에 정말 많은 의미들이 숨어 있다는 것을 이제 나는 안다. 영화 속 명탐정처럼 숨겨진 정답을 찾아내지는 못하겠지만, 여러 가능성들을 유추할 수는 있다.

일단 말이 없는 집안 분위기가 그의 어린 시절 성격 형성에 미쳤을 영향이 그려진다. 또한 만난 지 얼마 안 된 상대방에게 이 이야기를 꺼내는 것에서도 그의 성격을 유추할 수 있다. 말이 없는 집안 환경으로 인해 그는 집밖에서도 말이 없을 수도, 혹은 반대의 모습을 보일 수도 있다. 듣지 않으려 해도 계속 전달되는 그의 목소리를 들으니 그는 아마 후자인 것 같다.

이렇게 대화에 적극적인 모습인 이유 역시 다양한데, 결핍 때문에 타인을 더 찾고 싶은 마음일 수도 있지만 꼭 그렇게만 판단할 것도 아니다. 똑같이 말이 없는 집이라 해도 그 안의 온기는 크게 다를 수 있기 때문이다. 차갑고 엄한 부모와 거리감 있는 사이일 수도 있지만, 대화만 적을 뿐 항상 따뜻하게 지지해주는 부모였을 수도 있다.

소개팅뿐 아니라 모든 대인관계에서 그렇다. 자신을 상대방에게 열어 보이는 정도와 그 속도는 물론이고, 상대방에게 자신의 말이 어떻게 해석될지 예측하는 것도, 말을 꺼낸 의도도 사람들마다 다 다르다. 각자 세상을 바라보는 시각이 다르기 때문이다. 그 차이는 무엇에 의해 결정될까? 서로에 대한 호감도도, 이전 대인관계에서 받은 상처도, 스스로 느끼는 자존감도 있겠지만, 무엇보다 그 차이를 결정 짓는 데는 '애착'이라는 요소가 크게 작용한다.

삶의 모든 곳에
영향을 미치는 애착 유형

애착? 어린 아기와 부모 사이에 생기는 것 아니야? 그걸 왜 성인들의 연애에서 이야기해? 이런 의문이 떠오를 수 있다. 맞다. 영국의 정신분석가인 존 볼비John Bowlby는 '아이는 주 양육자와의 정서적 유대가 깊을수록 생존 가능성이 높아지기에, 애착은 진화적으로 발달한 행동 체계'라는 애착 이론을 창시했다. 둘 사이의 정서적 결속을 통해 형성되는 친밀한 관계가 바로 애착인데, 이는 아이의 발달에 매우 큰 영향을 미친다.

안정된 애착이 형성된 아이는 '나는 사랑받을 가치가 있는 존재'라는 건강한 자기감과 '세상은 내게 우호적이야'라는 타인에 대한 신뢰감을 동시에 갖게 된다. 이러한 '자신과 세상에 대한 긍정적 믿음'은 자라나면서 만나는 다양한 대인관계에서 기본 틀이 된다. 어린이집에서 처음 만나는 선생님과 친구들이 자신에게 따뜻하게 대해줄 것이라 믿고 다가가게 된다. 물론 세상이 항상 호의적이지는 않다. 가끔씩 실망하거나 상처받을 때도 있지만, 이런 아이는 심리적 안전기지인 집으로 돌아가 다시 위로받고 힘을 얻어 다음 날 등교한다.

그런데 너무 안타깝게도 첫 단추가 잘못 끼인 경우들이

있다. 당연히 아이의 잘못은 아니다. 진료실에서는 이와 관련된 다양한 이야기를 듣는다. 인생의 첫 기억이 자신에게 가해진 폭력인 경우도, 부모 사이의 폭력이거나, 버림받아 혼자 있는 순간인 경우도 있다. 이런 상황 속에서는 안정적 애착이 자라나지 못한다. 존 볼비의 제자인 메리 에인스워스Mary Ainsworth와 그의 제자 메리 메인Mary Main이 대를 이어가는 연구를 통해 불안형, 회피형, 혼란형의 세 가지 유형으로 나뉘는 '불안정 애착'을 밝혀냈다. 그리고 어린 시절에 만들어진 이런 애착 유형이 성인이 된 이후의 대인관계에도 동일하게 적용된다는 사실을 밝혀냈다. 어린이집, 학교, 직장, 연애까지 다 똑같다. 동일한 대인관계 패턴이 반복된다.

어린 시절 내 의지와 별개로 결정된 애착 유형이 평생에 걸쳐 내 삶에 거대한 영향을 미친다는 것은 그다지 기분 좋은 말은 아니다. 그럼에도 이것이 진실이기에, 상상하는 것 이상으로 삶의 모든 곳에 영향을 미치고 있기에 이를 짚어볼 필요가 있다. 각각의 애착 유형에 따라 내가 살고 있는 세계가 달라지기 때문이다. 앞서 언급한 소개팅 남성의 '부모님이 부산 분들이라 집에서 말이 없다'는 짧은 말도 그의 애착 유형에 따라 매우 다른 의미를 지닐 수 있다. 그렇다면 애착의 종류에 따라 그 말이 어떤 의미를 품을 수 있는지 살펴보자.

	자기 긍정	자기 부정
타인 긍정	안정 애착	불안-집착 애착
타인 부정	거부-회피 애착	공포-회피 애착

애착 유형의 분류

안정 애착

'나는 조용한 환경에서 자랐지만, 지금 너와는 소통하고 싶어.'

'그런데 그것 말고는 전반적으로 괜찮아. 아, 사실 그것도 별로 흠이라고 생각하진 않아. 설령 말이 좀 없을 때가 있어도 이해해줘. 이해해줄 거라고 기대해. 이렇게 나에 대해 알렸으니 너에 대해서도 듣고 싶다.'

안정 애착을 가진 이들이 이 말을 꺼낸 것은 상대방에게 자신의 성향을 솔직하고 편안하게 공유하며 관계를 열어가려는 시도라고 볼 수 있다. 이들은 자신과 상대에 대한 기본적인 신뢰가 있기에 말수가 적다고 해도 그것이 관계 형성에 장애가 된다고 생각하지 않는다.

불안-집착 애착

'나랑 보내는 시간이 재미없을까 봐 걱정돼…. 말이 없다고 날 싫어하지 않을까?'

'이번에도 상대방이 날 싫어하면 소개팅 해준 친구가 날 어떻게 생각할까? 안 좋은 말 들어가지 않게 어떻게든 애프터까진 이어가보자.'

불안-집착 애착을 가진 이들이라면 상대가 거절하거나 실망할 것을 미리 예상하고 두려워하며 자기를 방어하기 위한 의도로 꺼낸 말일 수 있다. 그러면서 이들은 상대방의 반응을 조심스럽게 살핀다. '관계가 잘 안 만들어져도 내 탓이 아냐'라며 상대의 거절에 감정적으로 미리 완충하려는 의도가 숨어 있을 수도 있다. 이들은 스스로에 대해서는 부정적으로, 상대방에 대해서는 긍정적으로 여기기에 상대방의 인정을 강하게 필요로 하며 거절에 민감하다.

거부-회피 애착

'앞으로 나와 만나게 되더라도 행여나 너무 가까워지려고 하지 않았으면 좋겠어.'

'연인 사이더라도 내 삶이나 내 마음의 많은 부분까지 공유하고 싶진 않아. 이전에 말 많은 사람은 너무 피곤하더라고….'

거부-회피 애착인 이들이 '말이 없는 집' 이야기를 꺼내는 것은 앞으로 이어질 대화의 깊이를 미리 조절하려는 시도일 수 있다. 자기 노출을 최소화하며 일정한 거리를 유지하고 싶은 마음에 자신도 모르게 이런 말이 나온다. 이들은 다가오는 사람들의 너무 많은 관심이나 감정적 개입을 피하고 싶어 한다. 친밀한 관계를 불편해하며 자기 독립성을 강조하고, 특히나 감정 공유에 인색한 편이다.

공포-회피 애착

'말을 하면 내가 상처받을 수도 있고, 또 상대를 실망시킬까 봐 무서워.'

'결국 이 사람도 날 안 좋게 보고 상처받는 관계가 될 건데, 나는 이 자리에 왜 나와 있는 걸까.'

공포-회피 애착을 가진 이들은 자신과 타인을 모두 부정적으로 보기에 애초에 소개팅을 열심히 피할 가능성이 높다. 어쩌다 소개팅 자리에 나왔다면 주변의 권유를 거절하지 못해서일 수 있다. 그러면 이들의 마음은 마냥 사람을 피하고 싶은 마음으로만 가득 차 있는 걸까? 그건 또 아니다. 이들 역시 타인과 가까워지고 싶은 마음이 있지만, 동시에 너무 큰 두려움이 그걸 가로막고 있는 상태다. 친밀함에 대한 양가감정에 마음이 혼란스러워 스스로도 무슨 말을 하는지 모르겠고, 자기표현에 자신이 없어 더 긴장이 된다. 그렇게 망친 소개팅 자리는 역시나 사람은 피해야 한다고 믿는 또 하나의 근거로 남겨진다.

내 앞에 앉아 있는 사람은 똑같더라도 내 마음이 어떤 애착의 세계에 머무는지에 따라 모든 것이 다르게 보인다. 대화하던 상대방이 잠시 화장실에 다녀오는 그 시간 머릿속에 떠오르는 생각도, 헤어진 후 먼저 연락을 할까 고민하는 데 걸리는 시간도, 답장을 기다리며 드는 생각과 감정도 모두 다 다르다. 누군가는 설레고, 누군가는 걱정하며, 누군가는 집착하고, 또 다른 누군가는 이 모든 상황을 불편해한다. 거듭 말하지만 모든 관계는 투사로 시작된다. 내가 상대방의 마음을 읽고 있다고 생각할 수 있겠지만, 실제로는 아닌 경우도 많다. 어쩌면 나는 내 기대와 불안을 상대에게 덧씌우고 있으며, 그때의 기대와 불안의 정체는 내 애착 유형으로부터 기인한 것이다.

'그냥 마음 다르게 먹으면 되는 거 아니야? 언제까지 그런 이론에 휘둘릴 거야?' 이런 반론의 목소리도 자주 듣는다. 과거에 매이지 말자는 그 마음에는 공감하지만, 애착 유형은 단순한 경험적 가설을 넘어 수천 편의 연구로 반복 검증되며 발전해온 이론이다. 게다가 뇌 과학의 발전에 따라 강력한 근거를 더 갖게 되었다.

애착과 관련된 뇌의 대표적 부위들을 설명해보면, 첫째로 공포 반응을 담당하는 편도체를 꼽을 수 있겠다. 불안정 애착, 그중에서도 불안형과 회피형에서는 이 편도체의 과활성이 자주 보고된다. 특히 거절, 위협, 부정적 얼굴 표현 등에 더 민감하게 반응하는데, 이는 감정 조절의 어려움 및 과도한 경계심과 연관되어 있다. 반면 안정 애착인 이들은 편도체 반응이 안정된 편이며, 뇌의 경보 신호가 덜 울리니 정서적으로도 안정되어 있다.

편도체에서 경보 신호가 울리면 다음으로는 전전두엽 피질이 일할 차례다. 현재 상황을 해석하고 충동을 억제하며 타인의 입장에서 생각해보는 이성적 시도를 한다. 안정 애착을 지닌 이들의 뇌는 이 부위의 활동이 강해 경보 신호 하나하나에 크게 휘둘리지 않는다. 반면 불안정 애착자들은 특히 감정이 고조될 때 전전두엽의 억제 기능이 떨어져 감정 조절과 자기 통제에 실패하는 경향을 보인다.

측좌핵과 복측피개영역 역시 애착과 관련된 뇌의 중요한 부위들이다. 이 부위들은 보상 시스템과 관련되어 있는데, 안정 애착자들의 경우 타인과의 관계에서 긍정적 보상 기대가 활성화되어 있다. 반면, 불안정 애착자는 애착 대상과의 상호작용에서 보상보다 불안, 회피 또는 무감각 반응이 더 강하게 나타난다.[3]

애착의 힘을 보여주는 흥미로운 연구들은 셀 수 없이 많은데, 그중 다소 엽기적으로 느껴지는 한 실험을 소개해보려고 한다. 2006년 미국의 한 연구팀은 이런 의문을 갖게 되었다. '심리적 안정감이라는 것은 그저 가상의 개념일까, 뇌에서 일어나는 변화일까?' 그래서 그들은 행복한 결혼 생활 중인 기혼 여성 16명을 대상으로 그들이 위협에 처했을 때 뇌에 실시간으로 나타나는 변화를 알아보기로 했다. 위협 상황을 말이나 글로만 제시한 것이 아니라 실제 약간의 전기 충격을 가하고 뇌의 편도체 등 위협 관련 영역이 활성화되는 정도를 측정했다.

실험 조건은 세 가지였다. 첫째로 남편의 손을 잡고 있을 때, 둘째로는 익명의 남성 실험자 손을 잡고 있을 때, 마지막으로는 잡는 손 없이 혼자 있을 때의 세 가지 상황에서 전기 충격을 가하는 것이다. 그 결과 혼자일 때 편도체, 전측섬엽, 시상하부 등 위협 반응과 관련된 뇌 영역의 활성화가 가장 컸고, 익명의 손을 잡았을 때는 그 반응이 일부 감소했다. 위협을 덜 느낀 것이다. 그리고 남편의 손을 잡았을 때는 위협 반응이 현저히 감소하는 모습을 보였으며, 결혼 생활에 대한 만족도가 높을수록 이러한 경향성이 더 크게 나타났다. 안정적 애착의 힘이 실재함을 뇌 영상 촬영을 통해 밝혀낸 것이다.[4]

사랑의 시작은 뜨겁지만
그 종착은 애착이다

우리는 세상을 살면서 크고 작은 위협 상황들을 끊임없이 만난다. 그럴 때 안정적 애착 대상이 있는 사람이라면 뇌에서 느끼는 위협 반응이 크지 않아 불안에 쉽게 휩쓸리지 않는다. 동일한 환경에서도 더 편안하고 쉽게 살아간다. 이처럼 애착의 중요성이 매우 크기에 나는 이를 강조하면서도 한편으로는 걱정이 된다. 불안정 애착 유형인 것이 자기 잘못이 아님에도 죄책감과 걱정에 힘들어하던 이들의 모습이 자연스레 떠오르기 때문이다.

'저는 불안정 애착 유형인데, 괜히 연애를 해서 상대방을 힘들게 하는 것 아닐까요.'

'사랑을 받아본 적이 없는 사람은 사랑을 줄 수도 없다고 하던데요. 그래서 연인이 계속 결혼하자는데도 저는 말을 계속 돌리고 있어요. 안정적인 가정을 꾸러나갈 자신도 없고….'

지금 책을 읽는 분들 중에도 이렇게 느끼는 이들이 꽤 있을 것 같은데, 힘든 마음을 키울까 염려가 된다. 하지만 내가 또 하나 강조하고 싶은 것은 애착 유형은 분명 변할 수 있다는 점이다. 물론 어린 시절 만들어진 대인관계의 기본 틀이 바뀌는 건 쉽지 않다. 마음 같이 금세 바뀌지 않는다. 그러나

나는 그간 진료실에서 느리더라도 확실한 변화를 만들어낸 이들을 계속 봐왔다. 앞서 자아의 경계를 확장해나간다는 점에서 심리치료와 사랑이 비슷하다 말했는데, 내가 지켜본 바로는 애착을 변화시키는 것 역시 이 두 가지다.

심리치료는 심리적 재양육의 과정이라고 불리기도 한다. 나를 불안하게 만들었던 이전 관계에서 불안정 애착이 생겨났다면, 치료자와의 안정된 관계에서 이를 상쇄시켜줄 교정적 경험들을 쌓아나간다. 그리고 이 교정적 경험이 충분히 쌓인 사람들의 대인관계와 연애가 자연스레 안정적으로 변했다는 증언들을 듣는다. 그렇다면 상담은 언제까지, 어디까지 목표로 해야 할까? 과거에 가르침을 주셨던 정신분석 전문가 선생님의 말이 떠오른다.

'내담자가 결혼까지 이르렀으면 네가 할 수 있는 일은 다 한 거야, 치료의 완성이지.'

결혼이라는 표현을 지금의 나는 '참사랑의 결실'로 본다. 실제로 참사랑이 깊어지면 상담에서 자연스레 독립하게 되는 경우가 대부분이다. 심리적 안전기지에서 얻은 힘과 안정감을 바탕으로 세상의 어려움들을 이겨나갈 수 있기 때문이다.

사랑에 대한 연구로 저명한 인류학자 헬렌 피셔Helen Fisher는 사랑을 갈망, 끌림 그리고 애착의 세 단계로 구분했다. 끌

림의 단계에서는 상대에게 중독되도록 만드는 도파민 호르몬
이 주인공이지만, 애착의 단계에서는 옥시토신과 바소프레신
호르몬이 그 역할을 맡는다. 옥시토신은 편도의 불안 반응을
떨어뜨려 '함께 있으면 마음이 놓인다'는 경험을 안겨줌으로
써 애착을 강화시킨다. 바소프레신은 다른 이성들에게 끌리
는 충동을 줄여서 기존의 애착을 지킨다. 이처럼 사랑의 시
작은 뜨겁지만 결국 그 종착은 애착이다. 연애는 곧 안정 애
착을 같이 만들어가는 과정이다. 처음의 뜨거움과 설렘이 줄
어드는 것은 사랑이 변한 것이 아니라, 사랑이 완성되어 가는
과정이다.

　　연애는 어렵다. 안정 애착을 지닌 이들에게도 예외가 아
니다. 다만 불안정 애착을 지닌 이들에게 더 힘든 것이 사실
이다. 문제적 사랑만 반복하며 마음이 황폐해졌다면 자꾸만
피하고 싶은 마음이 당연하다. 하지만 안정 애착을 만들 수
있는 기회 또한 연애에서 오기에, 불안해도 도전해야만 한다.
다만 과거와 다르게, 조금 더 현명하게. 그러기 위해 이 책을
집어 든 당신의 사랑은 앞으로 다르게 흘러갈 수 있다. 전쟁
같은 사랑이 아닌, 안정 애착을 완성하는 사랑으로.

온전히 나만 좋아해주는 너

—— 심리적 전능감의 상실, 그 이후 건강한 좌절의 경험

3년을 뜨겁게 만나온 연인과의 이별…. 결혼 계획까지 나눌 정도로 삶에서 가장 큰 부분을 차지하던 사람의 상실에 W는 너무 힘들어했다. 악재는 한꺼번에 온다던가. 몇 년째 별 탈 없이 다니고 있던 직장에서 갑자기 힘겨운 일들이 터졌고, 스트레스의 연타 속에 밝고 건강하게만 살아왔던 그가 처음으로 무너져버렸다. 두 달 전만 해도 마냥 행복하던 자신이 생각지노 않게 정신과에 찾아와 공황징애를 진단받게 된 상황이 믿기지 않는지 W는 자꾸 슬프게 울었다.

이럴 때는 마치 삶이 끝난 것처럼 느껴지지만, 느낌과 사실은 다르다. 살면서 내가 잘못하지 않아도 무너지는 순간이 어쩌다 찾아올 수 있으며, 또 어쩌다 문제가 풀려나간다. W 역시 그러했다. 약물 치료와 그리 길지 않은 상담을 통해 그는 빠르게 호전되었고, 몇 달 만에 치료의 종결을 말해야 할 순간이 찾아왔다.

"생각해보면 살면서 이렇게까지 제대로 무너져본 적은 없는 것 같아요. 그래서 이번이 저에 대해 진지하게 생각해보는 첫 기회가 되었고요. 스스로를 조금 더 알고 싶어서 이대로 치료를 끝내고 싶지는 않아요."

예상치 못한 반응이었다. 그렇게 시작된 분석적 정신치료 시간에 그는 직장, 부모님 그리고 여러 일상과 과거의 이야기를 들려주었지만 연애에 대해서는 말을 꺼내지 않았다. 아무래도 다 아물지 않은 상처를 아직은 건드리기 힘든 탓인가 싶어 나 역시 캐묻지는 않았다. 그렇게 기다리던 어느 날, 드디어 시작된 그의 연애 이야기에 나는 마치 친구와 동네 맥줏집에라도 앉아 있는 듯한 느낌을 받았다. 그만큼 익숙하고 흔한, 말 그대로 평범한 연애사였다.

'별 문제가 없는 것 같은데… 다른 주제로 넘어갈까?' 생각이 들면서도, 그냥 넘어가긴 아무래도 찜찜했다. 공황장애가 이별의 시기에 발생한 것도 그렇고, 특히 연애 이야기가 나오기까지 오랜 시간이 걸린 점이 마음에 걸렸다. 원래 중요한 이야기일수록 늦게 나올 때가 많다. 의도하지 않더라도 무의식에서 계속 망설이기 때문이다.

"과거의 연애에서 반복되는 어떤 패턴 같은 것이 있을

까요?"

"잘 모르겠는데요. 제가 생각해도 전 평범한 연애를 하는 것 같아서… 연애에는 문제가 없었다고 생각해요."

이럴 땐 내가 추가 질문을 던지면서 대화를 이끌어가기보다는 침묵을 지키며 기다린다. 사실 나도 모르겠으니까 할 말이 없다. 괜히 엉뚱한 추측을 던져 내 마음대로 상담을 이끌어가지 말고 참고 기다려야 한다. 답은 분명 내담자의 마음속에 있고, 그럴 때 침묵은 은은한 압박으로 작용하여 새로운 단서들을 의식의 수면 위로 떠오르게 만드는 원동력이 되기도 한다.

"음… 이것도 패턴이라고 할 수 있을지 모르겠지만 친구들이 그렇게 말해요. 넌 매번 연애만 하면 사람이 치사하게 친구들 버린다고. 처음엔 무슨 트집을 잡나 생각했는데 되돌아보니까 정말 그렇기도 한 것 같아요. 저는 그냥 마음 가는 대로 지냈을 뿐인데, 친구들과 제가 다르더라고요. 다른 친구들은 연애해도 계속 친구들 모임에 나오고 커플 동반으로 놀기도 하는데, 저는 연애가 시작되면 기존 관계들에 급격하게 소홀해지더라고요. 그래서 진짜 친한 몇몇에겐 이런 말도 들었어요. 넌 연애할 때 너무 각별해 보여서 정말 결혼할 줄 알았다고. 그런데 연애마다 매번 그랬지만 결국 상처받고 헤어지는 걸 보며 왜 그럴까 자기들도 궁금했었다고 하더라고요."

생각해보면 어딜 가나 한 명쯤 있는 친구 이야기 같다. 그렇기에 이게 문제인가 싶기도 했지만 침묵 끝에 나온 말을 무시할 수 없기에 추가로 이유를 물었고, 몇 분 후 꽤 의미심장해 보이는 대답이 돌아왔다.

"전 누군가가 온전히 저만 좋아해주기를 바라는 것 같아요. 아무래도 친구들 사이에서 저는 여러 명 중의 하나일 뿐이잖아요?"

그 대답을 기점으로 다시 파고들어간 그의 연애 속에는 진료실에서 흔히 마주하는 심리가 자리 잡고 있었다.

'온전히 나만 좋아해주는 너.'

어린 시절 받은 사랑은
영원할 수 없다

참 좋아 보이는 말이다. 하지만 '온전히 나만 좋아해주는 너'를 꿈꾸는 사람들은 그 대가로 마음의 고통을 치르게 된다. 너무나 특별한 관계를 기대하기에 자신이 우선순위에서 밀린다고 느껴지는 순간마다 쉽게 실망하고 상처받는다. 나를 두고 친구를 만나거나 회식을 하고 주말에 취미 생활을 즐기러 가는 너. 내가 없는 순간들에 행복한 네가 나를 덜 사랑해서 그렇게 행동하는 것만 같아 괴롭다. 머리로는 아닌 걸 알면서도 기분이 마음대로 조절되지 않아 결국 상대에게 화를 내게 된다. 과한 집착으로 이어져 서로를 괴롭게 만드는 경우도 많다. 간혹 갑을관계로 이어지는 경우도 있다. 마음에 여유가 없는 쪽이 저절로 약자가 되는 것은 연애를 포함한 모든 관계의 생리이기도 하다.

온전히 나만을 위한 완벽한 사랑을 꿈꾸는 마음 역시 과거에서 비롯된 경우가 많다. 그것도 기억조차 못하는 먼 과거로부터. 우리는 왜 완벽하고 무조건적인 사랑을 바랄까. 이는 생애 가장 달콤한 기억이며, 이제는 더 이상 느낄 수 없는 아련한 감정이기 때문이다. 아주 어린 시절, 아이에게는 부모의 헌신적인 사랑이 필요하다. 그야말로 무조건적인 생애 초기 이런 사랑의 경험은 아이의 건강한 발달을 위해 필수적이다. 아기는 배가 고파도 울고, 잠이 와도 울고, 안기고 싶을 때도 울고, 젖은 기저귀가 불편해도 똑같이 운다. 아기의 다양한 욕구들을 질 구분하여 충족시켜주기 위해서는 많은 애정과 관심이 필요하다.

이때 좋은 부모는 다른 일을 하고 싶은 자신의 욕구를 최대한 참으며 아이에게 집중한다. 아이는 이런 좋은 부모로부터 필요할 때마다 원하는 것을 얻고, 온전한 사랑과 관심을 제공받으며 심리적 안정감과 전능감을 얻는다. 그 따뜻한 감정을 통해 아이는 세상을 신뢰하게 되고, 상호 신뢰가 밑바탕에 깔린 대인관계의 기본 틀을 형성한다. '나는 존재만으로도 소중하다'는 감각을 내면화한다. 이는 자존감의 핵심이 되어 이후 살아가면서 맞닥뜨리는 어려움 속에서도 자신을 지키는 힘이 된다.

그런데 아쉽게도 이 무조건적이고 완벽한 사랑은 영원할 수 없다. 아무리 좋은 부모라도 언제까지나 모든 것을 해줄 수는 없기 때문이다. 성장하면서 우리는 사랑이 조건적일 수도, 항상 내가 바라는 만큼 사랑을 얻을 수도 없다는 현실을 마주하게 된다. 부모가 지치기도 하고, 현실적으로 모든 욕구가 충족될 수 없기에 아이는 결국 좌절을 경험하게 된다. 성취를 요구받고 남들과 비교당한다. 어린이집에만 가도 나보다 인기 많은 친구가 있고, 나보다 그림 잘 그리는 친구, 나보다 달리기 빠른 친구, 축구 잘하는 친구를 계속해서 만난다. 마음에 드는 친구를 독점하고 싶지만 내 뜻대로 되지 않는다. 이런 순간순간에 아이는 전능감을 상실하는데, 이 냉정한 세상에서 상처받고 돌아온 마음이 쉬며 회복할 수 있는 심리적 안전기지가 바로 가정이다. 아이는 그렇게 안정감을 주는 부모의 지지 속에서 좌절감 대신 모험심을 얻어 세상 속으로 점차 나아간다.

하지만 이건 이상적인 이야기다. 이런 따뜻한 가정들이

더 많겠지만, 이상과 다른 냉정한 가정들도 많다. 진료실에서 내담자들의 과거를 듣다 보면 나는 그저 운이 좋았을 뿐이고 세상은 참 가차 없다는 생각이 자주 든다. 응당 사랑받아야 할 어린 시절에 큰 결핍과 상처가 있는, 그래서 마음이 그 시기에 고착되어 그때 받지 못했던 사랑을 계속 찾아 헤매는 이들을 자주 만난다.

최근에는 드라마 〈폭싹 속았수다〉의 등장인물 관식의 이야기를 꽤나 자주 들었다. 진료실에서 어떤 캐릭터의 이야기를 듣게 될 땐 그냥 유행하는 콘텐츠여서만은 아니다. 다 숨겨진 이유가 있다. 관식의 경우 '무조건적인 사랑'을 바라는 사람들의 소망을 그대로 그려낸 캐릭터이기에 사랑받았다. 청춘의 그는 애순과의 교제를 반대하는 부모에 맞서 바다 위 배에서 뛰어내린다. 결혼 후에는 "애순이는 나랑 살러 왔지, 엄마나 할머니랑 살러 온 거 아니다"라며 적극적으로 아내를 지킨다. 이 무조건적인 사랑은 자녀에게도 그대로 이어진다. "다 너 하고 싶은 대로 하라"며 응원하고 어떤 대가도 바라지 않는다. 이렇게 일생에 걸친 관식의 무조건적인 사랑은 이런 연인을, 배우자를, 부모를 꿈꾸는 이들의 마음을 모두 다 건드렸다. 무조건적인 사랑의 종합선물세트. 이 드라마가 다양한 세대로부터 큰 인기를 끈 이유일 테다.

그렇다고 이 드라마에 끌린 사람들 모두 과거 가정에서의 큰 상처가 있었던 것은 단연코 아니다. 과거의 상처가 있던 없던 우리 모두는 이런 무조건적인 사랑, 온전히 내 편인 사랑에 끌린다. 그럴 수밖에 없다. 왜냐하면 우리 모두에게는 세상 최고의 사랑을 잃어버린 상실의 경험이 있기 때문이다. 앞서 말했듯 어린 시절 부모로부터 받았던 온전한 사랑, 아련하게 남아 있는 생애 가장 달콤한 기억, 그걸 더 이상 가질 수 없기 때문이다.

그에 대한 그리움에서 비롯된 소망은 현실에서 주로 연애에 투사된다. 물론 무의식적으로 일어나는 일이다. 그리하여 처음 사랑에 빠질 때는 드디어 꿈꾸던 운명적 상대방을 만났다는 느낌을 받는다. 하지만 대부분 오래 지나지 않아 그 환상은 깨지고 '폭삭 속았다'고 느끼게 된다. 안타깝지만 당연한 결과다. 상대방은 어린아이를 돌보는 부모가 아니기에, 연애의 목적이 과거 결핍을 채우는 것에 있었다면 반드시 실패로 이어질 수밖에 없다. 그래서 상담할 때 완곡하게 말하곤 한다. 당신의 소망은 드라마에서만 가능한 환상이고, 그 환상을 현실에서 이루려는 시도는 반드시 무너진다고. 성인이 된 이후 무조건적인 사랑의 경험은 내가 부모가 되어 아이로부터 받는 것 외에는 없다고(개인적으로는 그 외 두 가지 방법 정도 더 있다고 생각하기에 진료실에서 가끔 이야기한다. 종교적으로 깊은 수준의 믿음을 갖게 되었을 때, 항상 날 반기는 반려동물로부터 애정을 전달받는 때다).

건강한 좌절의 경험은 욕구 충족만큼 중요하다

실제로 많은 이들이 아이를 키우며 자신이 치유되는 느낌을 받는다. 전혀 기대치 못했던 선물을 받으며 과거에 고착되어 있던 어린아이의 마음에서 벗어나고 성장한다. 그런 만큼 육아란 아이와 부모 모두에게 행복을 줄 수 있지만, 이 관계에서 지나치게 힘들어하는 사람들도 많다. 가장 흔한 이유는 '좋은 부모의 기준'이 너무 높아졌기 때문이다.

많은 부모들이 자신의 어린 시절이 아쉬웠던 만큼 완벽한 육아를 위해 지나친 노력을 기울인다. 자녀를 자신과 지나치게 동일시하며 스스로의 결핍과 불안을 자녀에게 투사한다. 이대로 놔두면 자신처럼 삶이 힘들어질 것 같아 아이를 가만히 놔두지 못한다. 드라마 속 관식 역시 같은 마음이었을 것이다. 자신이 부모로부터 받지 못했던 무조건적인 응원과 수용을 자녀에게는 주고 싶었을 것이다. 그런데 현실의 우리는 드라마 속 완벽한 인물이 아니기에 이 조바심을 견디지 못한다. 자신의 마음을 몰라주고 뜻대로 통제되지 않는 자녀에게 화를 낸다. 너를 위하는 것이라 윽박지르지만 실은 내 불안이 해결되지 않아 괴로운 것이다. 아이는 상처받고 부모는 자책한다.

"그래도 100점이면 더 좋지 않아요?"

지나친 책임감에 압박받고 희생정신을 강요받으며 스스로 나쁜 부모라 자책하는 이들에게 나는 '충분히 좋은 부모'의 필요성을 설명하곤 한다. 그때 자주 돌아오는 대답이 있는데, 아주 중요한 지점이다.

'좋은 부모란 어떤 사람일까요? 모든 순간에 무조건적인 사랑만을 주는 완벽한 부모가 좋은 부모일까요?'

발달심리학의 거장인 도널드 위니컷Donald Winnicott은 완벽한 엄마가 아닌 '충분히 좋은 엄마good enough mother'가 아이에게 필요하다고 말했다. 아이에게 충족만큼 중요한 것이 바로 건강한 좌절의 경험이다. 세상이 항상 내 뜻대로만 되지는 않는다는 것, 누구든 좋은 면과 나쁜 면이 공존할 수 있으며 심지어 부모도 그렇다는 것, 그럼에도 충분히 좋은 사람이기에 괜찮다는 것을 체득해야 한다. 이 경험과 깨달음 없이 자라난 사람은 세상을 '완벽'과 '나쁨'으로만 나누어 바라보게 된다. 너무 높은 기준 때문에 모든 대인관계에 실망하고 상처받으며 살아갈 수 있다. 그 마음은 연애에서도 반복된다.

너 없이도 잘 살 수 있지만
네가 있으니 더 좋은 사랑

'온전히 나만 좋아해주는 너.'

다시 보아도 참 좋아 보이는 말이지만, 사실 이건 마치 어린아이의 질투심 같은 것이다. 온전한, 언제나 내가 1순위인, 무조건적인 사랑을 받을 수만 있다면 그보다 좋은 게 있을까. 간혹 그렇게 대해주는 사람을 만나더라도, 결국에는 실망하고 상처받게 된다. 왜냐하면 연애란 아기와 부모의 관계가 아닌, 동등한 성인과 성인의 만남이기 때문이다. 연애라는 관계의 한계성을 깨닫고 받아들이는 연습을 해야만 한다.

앞으로 충분히 좋은 연애를 하기 위해서 W에게 필요한 것은 연애 패턴의 변화다. 연애가 시작된 후에도 일부러 친구들을 계속 만나고 관계를 유지하며 의도적으로 원래의 일상을 어느 정도 유지하는 것이다. 물론 무의식적 패턴의 변화는 쉽지 않다. 게다가 '너 없이는 살 수 없는 사랑'이라는 로망이 얼마나 강한지 자꾸만 그쪽으로 끌린다. 이성적인 얘기만 하는 정신과 의사의 로봇 같은 말은 듣기 싫을 것 같다. 하지만 그 이룰 수 없는 로망에 이끌려가다 계속 상처 입는 이들을 꾸준히 보고 있기에, 공감하지만 동의할 수는 없어 T망치를 또 들게 된다. 내가 직접 말하면 원망을 살 수 있기에 대선배의 명언을 차용한다. 스캇 펙은 '너 없이는 살 수 없는 사랑'은 사랑이 아닌 '기생'이라 표현했다. '너 없이도 잘 살 수 있지만 네가 있으니 더 좋아서 만나는' 둘 사이에서 건강한 사랑이 생긴다고 했다. 나 또한 그렇게 생각하기에 가끔씩은 이 표현을 사용한다. '선생님 뜻은 알겠지만 어떻게 그래도 저한테 기생이라는 표현을 써요?'라는 원망이 돌아오기도 하지만, 내가 지어낸 말은 아니라 핑계 댈 수 있어 스캇 펙 선생님께 감사할 따름이다.

"이룰 수 없는 꿈을 꾸고, 싸워 이길 수 없는 적과 싸웠으며, 이룰 수 없는 사랑을 하고, 잡을 수 없는 저 별을 잡으려 했다."

이룰 수 없는 꿈을 위해 돌진하는 돈키호테의 말이다. 몇백 년 지난 지금까지도 사람들은 돈키호테의 로망에 끌린다. 하지만 저 명대사는 그가 죽음을 앞두고 이성을 찾은 뒤에나 할 수 있었다. 이룰 수 없는 꿈과 사랑은 이룰 수 없기에 그만큼 낭만적으로 보이지만, 결국 상처만 주게 된다. 우리 마음속에는 꿈을 좇는 돈키호테와 더불어 그를 멈춰 세운 현실적인 친구 카라스코 또한 필요하다는 사실을 잊지 말아야 한다. 그래야 매번 상처로만 이어지는 연애 패턴을 끊어낼 수 있다.

변화가 불가능한 연애 패턴이란 존재하지 않는다. 과거가 어찌 됐건 우리는 충분히 좋은 연애를 만들어나갈 수 있다. 바로 지금부터, 충분히 좋은 다른 사람들과 함께.

사랑이 깊을수록 커지는 불안

—— 착한 아이 콤플렉스와 갑을 연애관계

MBC라디오의 북팟캐스트 〈서담서담〉에 진행자로 참여해온 지 어느덧 6년이 훌쩍 넘었다. 문학에 조예가 깊다고도, 책을 매우 사랑한다고도 말하기 어려운 내가 오래 자리를 지킨 건 나 자신을 위해 꾸준한 독서의 필요성을 느꼈기 때문이다. 아무리 길게 살아도 고작 자신의 좁은 반경에서 딱 한 번의 인생일 뿐이다. 그렇기에 책 만한 것이 없다. 물론 책값과 들인 시간이 아까워질 때도 가끔 있지만, 훨씬 높은 확률로 작가의 깊은 고뇌와 사유가 담긴 보물을 만나게 된다. 인생의 문장들도 많이 얻었다. 문장들은 읽은 다음 날부터 진료실에서 바로 사용할 수 있는 고급 무기가 되기도 한다.

이번 녹음을 위한 숙제는 이승우 작가의 《고요한 읽기》로 정해졌다. 몇 년 전 작가의 《사랑의 생애》를 읽으며 받았던 강렬한 기억이 떠오른다. 사랑에 대한 고찰의 깊이가 너무도 깊어 솔직히 꽤나 버겁기도 했기에 다소 긴장이 되었다. 그렇게 시작된 독서인데, 역시나 이번 책에도 사랑에 대한 언급이 많았다. 그리고 내 눈길을 사로잡고 마음을 복잡하게 만드는 여러 문장들을 만났다.

다들 영원을 꿈꾸지만 첫 키스 때부터 이미 시작되지. 영원하지 않을지 모른다는 불안 말이야.
_이승우,《고요한 읽기》, 문학동네, 2024, 82쪽

'잃어버릴 두려움 없이' 사랑할 수 없다. 잃어버릴 두려움이 사랑이기 때문이다.
_같은 책, 90쪽

사랑은 불안을 만든다. 이 불안의 원천은 불신이다. 사랑이 깊을수록 불신도 크다.
_같은 책, 83쪽

사랑은 불안을 만든다…. 최근 사랑과 애착에 대한 글을 쓰고 있던 나로서는 동의하고 싶지 않은 말이다. 기분 전환을 위해 남겨두었던 〈멜로무비〉를 틀었다. 새로운 에피소드가 시

작되며 박보영 배우의 독백이 흘러나온다.

'사랑은 준비 없이 찾아온다. 두려움과 함께'

그렇다. 인정하고 싶지 않지만 우리 삶 곳곳에서 발견되기도 하는 진실이다. 사랑은 불안과 두려움이기도 하다. 그야말로 양날의 검인데, 사랑은 안정 애착을 얻을 수 있는 통로이기도 하지만 그 과정에는 두려움도 따라온다. 잘 쓰이면 안정감을 얻는데 최고의 명약이지만, 때때로 그 무엇보다 강한 독이 되어 우리 마음을 극심한 불안정으로 뒤흔들어놓는다. 이런 이야기를 진료실에서 수없이 듣는다.

상대를 갑으로 만드는, 과도하게 착한 사람

G는 이별 후의 극심한 우울감으로 정신과를 찾게 된 20대 후반의 여성이었다. 몇 번의 진료 시간에 걸쳐 듣게 된 그의 연애사는 이 한마디로 요약될 수 있을 것 같았다. '착함.' G는 과하게 착했다. 항상 연인의 생각과 감정에 맞춰왔다. 마찰이 생길 것 같으면 먼저 사과했고, 교제하는 몇 년간 단 한 번도 화를 내본 적이 없었다. 심지어 다른 직장에 다니는 연인의 일을 상당 부분 도와주기까지 했다. '일이 너무 많으면 연

인끼리 도와줄 수도 있지, 뭘 그걸 가지고 그래?'라고 말하는 사람도 있을 것 같다. 그런데 생소한 일에 G가 고생하고 있을 그 시간에 당사자는 친구들과 놀러 다녔다. 이런 기묘한 연애는 그의 남자 친구가 다른 여성을 몰래 만난 일이 발각되며 결국 끝났는데, 마지막 순간까지 G는 화를 내지 못했다. 평소 모습처럼.

인터넷 커뮤니티에는 이와 비슷한 연애담이 돌아다닌다. 그리고 거기에는 항상 달리는 댓글이 있다. '에이, 주작이지. 이런 사람이 어디 있냐?'라는 반응들이다. 자신이 겪어본 것만으로 세상을 본다면 당연히 믿지 못할 수 있다. 하지만 실제로 정말 많은 이들이 이와 같은 연애의 피해자가 된다.(반면 가해자들은 보통 진료실에 오지 않기에 만나본 기억이 좀처럼 없다.)

그런데 계속 듣다 보면 묘하게 공통적인 점이 있다. 이들의 삶에서 이런 연애가 반복된다는 것이다. 또한 갑질을 한 상대방이 처음부터 그런 사람은 아니었는데, 어느 순간부터 그렇게 변해갔다는 증언들도 비슷하다. 그렇다면 이들만 찾아다니는 '지킬 박사와 하이드' 같은 사람이 있는 걸까? 일면 그렇기도 하다. 기가 막히게 사냥감을 잘 고르는 늑대 같은 이들이 세상에 분명 존재한다는 것을 진료 경험이 쌓이며 알게 되었다. 하지만 다른 요인은 없을까? 그 늑대들은 내가 직접 본 사람이 아니니, 일단 눈앞에 있는 이들의 심리에 집중해본다. 이들 탓을 하는 것이 아니라 그래도 관계에 영향을 미쳤을, 숨겨진 심리적 요인을 탐색해보는 것이다.

생각해보면 그들은 진료실에서의 모습에서도 묘한 공통점이 있다. 내게도 매우 착하다는 것이다. 공손한 말투는 기본이고, 매 진료마다 일찍 와서 기다리고, 내가 마실 커피를 사온 적도 많다. 진료가 많이 연기되거나, 약물 부작용이 생긴 경우에도 유독 이들은 불만을 표하지 않는다. 오히려 웃는 얼굴로 괜찮다며 나를 위로해준다. '아, 모든 환자 분들이 이 분 같으면 얼마나 좋을까?'라는 생각이 머리를 스쳐가는 동시에 정신과 의사의 직감이 발동한다. 이건 절대 일반적이지 않다고. 뭔가 있다. 이대로 흘러가면 안 된다. 조금만 더 지나면 내가 이 친절을 당연하게 받아들일지 모르겠다. 그건 건강한 관계가 아니다.

"호의가 계속되면 권리인 줄 안다." 영화 〈부당거래〉에 나온 명대사다. 사람들은 좋은 대우에 처음에는 고마워하지만, 호의가 지속되면 당연하게 여기게 된다. 점차 그들 사이의 역학관계가 기울며 수직적인 관계로 변해간다. 그 어떤 관계보다도 수평적이어야 할 연인 사이의 관계가 기울기 시작하면 두 사람의 앞날이 어떻게 되는지 G의 사례가 잘 보여준다.

한 사람의 대인관계 패턴은 장소와 대상을 가리지 않고 반복되며, 진료실에서 역시 다르지 않다. 나를 서서히 갑의 위치로 밀어 올리는 그들의 과도한 착함이 이전의 연애에서도 작용했을 것이다. 하지만 그들에게 '착한 아이 콤플렉스'에 대해 언급하면 항상 똑같은 대답이 돌아온다. 자신은 절대 착하지 않다고. 선생님이 잘못 본 거라고. 하지만 그들은 분명히 착하다. 가정에서도, 친구 사이에서도, 직장에서도, 진료실에서도, 그리고 연애에서도 과도하게 착하다.

불안이 만드는
착한 아이 콤플렉스

그런데 그들은 왜 하나 같이 자신은 착하지 않다고 말하는 걸까? 착해 보이는 행동이 단순히 이타심에서 비롯된 것이 아니라는 점을 무의식적으로 알기 때문일 테다. '착한 아이 콤플렉스'라는 포장지를 벗기면, '유기불안' 혹은 '애정 결핍'이라는 내용물이 드러난다. 그들은 상대방에게 버림받을까 봐 두렵다. 성인 사이에 그게 대체 왜 두려운 것인지 이해가 안 가는 사람도 많겠지만, 애당초 그들도 자신이 느끼는 공포가 이성적이지 않다는 것은 안다. 다만 자신을 집어삼키는 비이성적 공포가 너무도 거대할 뿐이다.

그런데 유기불안이 꼭 착한 아이 콤플렉스로만 이어져

항상 을의 위치에 머물게 만드는 것만은 아니다. 이 불안 때문에 상대방의 일거수일투족을 감시하고 통제하다 강력한 갑이 되는 이들도 있다. 혹은 이 불안을 어떻게든 줄여보고자 보험처럼 여러 명과 연애하는 경우도 있다. 사람 사이의 관계는 근본적으로 믿을 수 없다며 반려동물에게만 집중하는 이들도 있다. 여러 유형이 있지만 여기에서는 '착한 아이 콤플렉스'에서 비롯된 갑을 연애관계에 집중해보려 한다.

항상 과거에서 답을 찾는 정신과의 레퍼토리가 진부하게 느껴질 수 있겠지만, '착한 아이 콤플렉스' 역시 대부분 어린 시절 부모와의 관계에서 비롯된다. 착한 아이의 모습을 보여야만 눈길을 끌 수 있고 그렇지 않으면 차갑거나 무서운 반응뿐이었던, 무조건적 사랑의 경험이 부재한 이들에게 이러한 콤플렉스가 잘 생긴다. 나이가 몇인데 어린 시절 운운하며 계속 매여 있을 거냐고 비난하는 이들도 많다. 그들도 안다. 그들도 헤어 나오고 싶어 한다. 잘 되지 않아 답답하고 힘들 따름이다. 버림받고 학대받은 경험을 전해 듣는 나 역시 마음이 쓰라리다.

문제는 이와 같은 강렬한 경험 속에서 만들어진 생존 방식이 잘 사라지지 않는다는 것이다. 지금 만나는 사람이 자기 부모가 아닌데도, 그들은 부모를 대할 때와 동일한 대인관계 방식으로 상대방을 대한다. 진료실에서도 정신과 의사가 사라질까, 변할까 두려워 착한 모습을 보인다. 내가 별 생각 없이 짓는 표정과 내뱉는 말 한마디에 그들의 유기공포는 쉽게 자극받는다. 스캇 펙은 어린 시절 만들어진 낡은 지도를 들고 현재의 삶을 헤매는 모습으로 이런 증상을 비유했다. 우리 모두 낡은 지도를 지니고 있는데, 유독 강렬한 감정이 동반되었던 어린 시절의 기억들이 지도의 업데이트를 막는다. 그리하여 상처받는 길만 계속 걷게 된다.

이런 유기불안은 앞서 말한 것처럼 모든 관계에서 작용하지만, 특히나 연애 관계에서 두드러진다. 이유는 단순하다. 더 특별하기 때문이다. 모든 대인관계에는 심리적 거리가 있다. 가족, 친구, 직장 동료 등 모든 이들은 내 마음속에서 특정한 심리적 거리에 위치해 있다. 가족이 가장 가깝고, 그 다음 특별히 친한 친구, 이런 식으로. 이 거리는 당연히 유동적일 수 있지만, 웬만해서는 잘 변하지 않는다. 환경이 바뀌거나 마음 상하는 일로 가끔 변동될 수도 있겠지만 대부분 그 자리에 그대로 있다. 특별히 큰 노력을 들이지 않아도 유지된다. 하지만 연인은 그렇지 않다. 여러 면에서 매우 특별하다.

연인은 시작부터 세상에 하나뿐인 존재이며, 연인이 되는 순간 매우 급격히 심리적 거리가 좁혀진다. 연인이 된 지 며칠 만에 가족만큼이나, 때로는 가족보다 더 가까운 거리가 설정되기도 한다. 참 신기한 관계다. 그런데 정말 특별한 점은 따로 있다. 이렇게 각별하고 가까운 사이임에도 다음 날이면 남이 될 수도 있다는 것이다. 인정하고 싶지 않아도 우리는 다 안다. 누구에게나 언제든 일어날 수 있는 일이라는 것을. 냉혹한 현실이다. 사랑의 정체는 안정이 아닌 불안정인 것이다. 이런 면에서 볼 때 "사랑은 불안을 만든다. 이 불안의 원천은 불신이다. 사랑이 깊을수록 불신도 크다"라는 말은 진실이다.

마음의 전부를 투자하는 위험한 사랑

물론 격하게 반론하는 이들도 있을 것이다. '심리적으로 불안정한 사람들만 보며 만들어진 왜곡된 생각 아니냐'고 따질 수도 있겠다. 몇 년 전 가을 밤, 학회 참석 차 들른 곳에서 한옥마을을 산책할 때 본 풍경이 떠오른다. 길을 따라 셀 수 없이 많은 기게들이 있었는데 딱 네 종류로 나눌 수 있었다. 음식점, 오락 부스, 사진관 그리고 점집. 이보다 더 기막히게 사람의 욕구와 본능에 딱 들어맞을 수 있을까. 사랑하는 이와 맛있는 것을 나누어 먹고, 즐거운 감정을 더 키우기 위해 오락을 동원하고, 행복에 취한 순간을 간직하고 싶어 사진을 남긴다. 나 역시 가족들과 딱 그런 시간을, 그런 코스로 보냈다.

그런데 더 없이 행복한 이들이 모인 그 장소에 수많은 점 집들이 있다. 이는 정신적으로 불안정하지 않은, 평범한 연인들의 사랑에도 불안이 따라오기 때문이다. 다들 '영원을 꿈꾸지만 영원하지 않을지 모른다는 불안'이 첫 키스 때부터 시작되었기 때문이다. 그래서 사랑을 키우는 가게들과 불안에 찾아가는 가게들이 한 골목에 섞여 있다. 그것이 우리 마음의 자화상이다.

하지만 불안을 느끼지 않는 사랑 중인 이들도 많다. 그런 이들은 한옥마을에서의 산책 코스가 사진관으로 끝날 것 같다. 그렇다면 안정감과 불안감을 가르는 차이는 무엇일까? 사랑의 깊이와 크기일까? 사랑의 기간일까? 아니다. 사랑으로 불안해진 이들을 만나며 나는 한 가지 사실을 깨달았다. 연애 문제로 온 것은 아닌데 꼭 같은 종류의 불안감을 보이는 다른 그룹의 사람들이 있다는 것이다. 다름 아닌 투자자들이다. 주식, 코인, 부동산 등을 통한 금빛 미래를 꿈꾸며 거의 전 재산을 배팅한 뒤 불안에 젖은 사람들. 투자 성과가 좋은데도 불안을 떨칠 수 없어 힘들어하는 사람들.

물론 모든 투자자들이 다 불안으로 시달리는 것은 아니다. 사랑을 하는 모든 이가 불안한 것은 아니듯. 그러나 사랑이든 재산이든, 분산 투자라는 철칙을 지키지 않은 이들이 문제 상황에 처해 있었다. 대인관계와 투자는 비슷하다. 안정된 미래를 꿈꾸며 내게 한정된 파이를 사용한다. 이때 지나친 기대와 확신은 투자의 기본을 잊게 만들기도 한다. 바로 분산 투자라는 기본이다. 아무리 확신에 가득 찬 투자처가 있어도 모든 것을 던지는 투자는 불안한 심리 상태를 불러올 수밖에 없다. 약간의 변수만 보여도 흔들리는 마음을 견디지 못해 후회할 선택을 하게 된다.

　연애도 똑같다. 많은 이들이 연애를 통해 안정감을 찾으려 한다. 깊은 사랑을 통해 애착이 바뀌고 무한한 안정감을 얻게 되는, 그런 환상을 꿈꾸는 이들이 마음의 전 재산을 연애에 투자하는 경향이 있다. 그만큼 더 특별한 사이가 되고 싶고, 그게 이상적 사랑이라 믿는다. 서로에게 서로밖에 없는, 서로에게 백 퍼센트를 투자한, 완벽한 한 몸 같은 사랑. 하지만 앞서 말했듯 연애는 태생적으로 가장 불안정한 관계다. 내게 안정감을 줄 수 있는 가장 유망한 투자처로 보이는 사람이 내일이면 사라질 수 있다. 그러므로 대인관계 역시 분산 투자를 해야만 한다. 대인관계의 여러 종목 중 연애라는 유망 투자처에 온 마음을 투자한 뒤 그 불안을 이겨낼 사람은 없다. 계속 집착하고 확인하게 된다. 그러나 연애 없이도 잘 살 수 있는 사람이어야, 다른 대인관계들이 잘 받쳐주고 있는 사람이어야 안정된 사랑을 한다. 잃어버릴 두려움에 휩쓸려가지 않는다.

심리상담과 연애는 안정 애착을 획득할 수 있는 대표적인 수단이다. 물론 두 경우 모두 실패로 이어지기도 하지만, 그래도 둘을 비교하자면 단연코 전자의 성공률이 더 높을 것이다. 여러 이유가 있겠지만, 역설적으로 심리상담에 투자한 마음의 비중이 연애에 비해 적기 때문이다. 심리치료사와 내담자의 관계 역시 특별하지만, 연인관계에 비할 바는 아니다. 투자된 마음의 비중이 적으니 덜 의존하고, 그러니 덜 집착하고, 그러니 길게 잘 이어진다.

갑을 관계 같은
연애에서 벗어나기

그렇다면 어떻게 해야 이런 연애 패턴을 멈출 수 있을까? 우선 '착한 아이'가 내 대인관계 전반에 있다는 것을 알아차려야 한다. 그리고 나는 피해자인 것이 맞지만, 동시에 내가 갑을 만들어내기도 했다는 사실을 깨닫는 것이 중요하다. G의 경우에는 좋은 사람을 골라 만나는 것보다, 사랑에 투자되는 마음의 비중을 줄이는 것이 우선이었다. 그런 다음 연애가 아닌 다른 대인관계들은 어떻게 흘러가고 있는지 점검해야 한다. 내게 별 도움되지 않는 것 같아 보여도 다 나름대로의 의

미들이 있다. 속마음을 털어놓을 수 있는, 심리적 안전기지 같은 친구들이 두세 명 있다면 너무 좋다. 꼭 지금 없어도 괜찮다. 앞으로의 시간 속에 생길 수 있으니. 속마음까지 털어놓지는 않는, 데면데면하지만 무해한 관계들도 소중하다. 거듭 말하지만 분산투자가 중요하다. 그래야 잘 지낸다. 불안을 덜어낸 연애를 하게 된다. 잃어버릴 두려움 없이 사랑할 수 있게 된다.

또한 싫을 땐 싫다고 말하며 솔직한 내 생각과 감정을 드러내는 연습을 해야만 한다. 물론 '착한 아이'에게는 매우 어려운 일이다. 연인이 화낼 것 같고, 날 싫어하게 될 것 같고, 날 떠날 것 같이 느껴진다. 그러니 쉬운 곳부터 연습해야 한다. 상담실에서 어려운 첫발을 떼어본다. 그래도 믿을 수 있는 친한 친구에게 이전에 안 해본 말을 꺼내본다. 그렇게 내 낡은 지도의 업데이트를 해내면, 결국 연인과의 관계에서도 이전에는 보이지 않던 길로 향할 수 있게 된다. 그 길은 더 이상 두려움으로 나를 몰아세우는 낭떠러지로 연결되지 않을 것이다. 머리로만 아는 것이 아닌, 불안을 이겨내며 직접 걸어가본 그 경험만이 당신을 변화시킬 것이다.

지금 이 순간 사랑과 불안을 동시에 느끼는 수많은 사람들이 있을 테다. 사랑은 불안을 만들기 때문에 그저 당연한 반응일 수 있다. 하지만 그 불안 때문에 사랑이 고통스럽게 느껴진다면 내 마음의 투자 상황을 다시금 돌아보길 바란다. 연애라는 한 종목에 온 마음이 투자되어 있던 것은 아닌지, 그로 인해 한순간에 모든 걸 잃어버릴지 모른다는 두려움에 시달리며 상대에게 모든 것을 맞추는 연애를 하고 있던 것은 아닌지. 연애는 상대방을 실망시키지 않으려고 하는 게 아니라, 나 자신의 행복을 위해 하는 것이니까.

실패한 이야기를 고쳐 쓰고 싶은 마음

—— 치유를 위한 무의식의 시도, 프로이트의 반복 강박

"어떻게 이럴 수 있죠? 이번엔 정말 믿었는데… 이젠 사람 자체를 못 믿게 될 것 같아요."

진료실 문을 열고 들어오며 채 자리에 앉기도 전에 터져 나오는 끝없이 우울한 목소리였다. J는 이전 연인의 주사로 글로는 다 담기 힘든 고생을 했다. 과거의 연애를 이야기하며 다시는 술 마시는 사람을 만나지 않겠다고 다짐하던 그였다. 그리고 두 날 선 시인의 소개로 새로운 이를 만나게 되었고, 술은 마시지만 다정한 사람이라 다행이라며 그와의 관계는 빠르게 연애로 이어졌다. 데이트 때마다 음주가 동반되는 것이 마음에 걸리긴 했지만, 크게 문제로 느껴지지는 않았다. 우리나라 남성의 거의 80퍼센트가 음주를 하고 있다고 하니, 음주 여부만 가지고 됨됨이를 판단할 수는 없는 일이었다.

그런데 지난 2주 사이에 J는 끔찍한 경험을 했다. 연인이 만취 상태로 폭력적인 모습을 보이고 울면서 사과한 것이다. 그 후 며칠 만에 비슷한 일로 결국 경찰이 출동하는 일까지 벌어졌다. 누구에게나 충격적이겠지만, 과거의 상처가 비슷하게 반복된 J에게는 더 큰 타격으로 다가올 수밖에 없었다.

"지난번 고생한 지 얼마 지났다고 또 이런 일이 생기니까… 제 잘못은 아니지만 주변에도 면목이 없어요. 친한 친구들은 연애마다 다 망하는 거 보면서 네가 전생에 나라라도 팔아먹었나 보다고 말해요. 예전엔 웃어 넘겼는데, 이젠 저도 진짜 그렇게 느껴져서 기분이 나빠요. 이게 말이 돼요? 매번 이렇게 된다는 게…"

반복해서 나쁜 사람을 만나 상처받게 되는 연애 패턴. 우리는 아침 드라마나 소설에서 이런 이야기들을 꽤나 자주 만난다. 폭력적인 남편에게 시달리다 겨우 결별했는데 새로운 연인으로부터 비슷한 고통을 받게 된다, 그런데 실은 그의 아버지 또한 가정 폭력 문제가 있었더라…. 이런 식의 이야기들. 정신과 의사가 되기 전의 나는 별생각 없이 이런 이야기를 접했다. 등장인물의 불행을 강조하려고 지나친 억지 설정으로 불운을 끼워 넣은 것 아니냐 생각하기도 했다. 그런데 지난 10여 년 동안 나는 이런 드라마 같지만 실제인 이야기들을 꽤나 자주 들어왔다.

이럴 때 고통에 충분히 공감하는 것이 중요하지만, 절대 공감으로만 끝내서는 안 된다. 물론 그저 불운한 경우도 있지만, 이 역시 하나의 연애 패턴일 가능성이 있기 때문에 꼭 더 들여다봐야 한다. 안 그래도 힘든 사람의 탓을 하자는 것은 아니다. 가해자의 잘못이 당연하다는 점에는 재고의 여지가 없다. 하지만 진료실은 경찰서나 법정이 아니다. 나는 가해자의 얼굴도 본 적이 없다. 이 고통스러운 관계를 들여다보는 일은 책임 소재를 가리기 위해서가 아니라, 마음이 흘러간 과정을 하나하나 짚어보려는 것이다. 과거를 잘 돌아보아야 미래를 바꿀 수 있다. 그저 묻어두면 마음은 또 같은 물길로 흘러 결국 같은 결말에 다다르게 된다.

반복해서 말하지만, 마음에서 우리가 아는 부분은 극히 일부다. 모르는 사이 무의식에서 많은 일들이 일어난다. 우리는 우리의 마음을 모르며, 그러니 무슨 연애 중인지도 잘 모른다.

고통스러운 과거를 재현하려는 충동

"왜 나쁜 사람만 만나게 되는 걸까요?"

내 질문에 대한 그들의 답변은 예상과 별반 다르지 않다.

"전 정말 운이 없는 것 같아요. 친구들도 다 그래요."

"그걸 저한테 물어보시면 어떻게 해요. 제가 이럴 줄 알고 그 사람을 고른 것도 아닌데. 안 믿었는데, 운명이라는 게 정말 있기는 있나 봐요."

그래서인지 꽤나 많은 이들이 점을 보러 가고, 들은 이야기가 만족스럽지 않으면 더 용하다는 곳을 찾아 멀리 땅끝 마을까지 좇아가나 보다. 평소 미신이라며 믿지 않던 사람들도 마음이 힘들 때는 다른 모습을 보이기도 한다. 그런데 정말 그런 걸까? 그저 운이 없는 걸까? 이미 다 정해져버린 운명인 걸까? 다른 건 몰라도 이 점에 대해서는 그렇지 않다고 확실히 말할 수 있다.

답은 내 마음속, 무의식 속에 숨겨져 있으며, 그렇기에 그 심리를 찾아내고 변화시키면 연애와 삶이 달라질 수 있다. 그래서 '답을 모르겠다' '상대방 잘못인 것을 왜 내게 물어보느냐'는 이들의 억울하고 서운한 마음을 잘 달래며 무의식 속으로 함께 파고든다. 그리고 이 발굴 과정 중에 종종 발견하게 되는 심리가 있다. 반복되는 상처를 겪는 이들에게서 유독 자주 보게 되는 이 심리의 이름은 '반복 강박'이다.

프로이트가 발견한 이 심리는 괴롭고 고통스러웠던 과거의 상황을 반복하고자 하는 강박적인 충동을 뜻한다. 그런데, 충동이라고? 지금 너무 아픈 이 상처를, 내가 선택해서 반복한다고? 당연히 받아들이기 쉽지 않다. 나 같아도 그럴 테다. 이런 이야기를 하는 사람에게 화가 나는 것도 당연하다. 그러나 대부분의 심리가 무의식에서 은밀하게 작동하는 것처럼, 반복 강박 역시 그렇다. 다수가 이를 인지하지 못하는 것도 당연하다.

다시는 마주하기 싫은 상처를 스스로 반복하는 것은 생각보다 꽤 흔한 현상이다. 트라우마 때문에 놀이치료 받는 어린 아이들을 관찰해보면, 아이들은 자기가 만들어내는 놀이에 그 상처의 장면을 자꾸만 그려낸다는 것을 알 수 있다. 생존을 위협했던 끔찍한 기억은 마냥 피하고만 싶을 텐데 왜 자꾸 스스로 표현하는 걸까? 아이들만이 아니다. 큰 사고를 경험하거나 정신적 충격을 받은 사람들은 꿈에서 그 장면을 반복한다. 깨어 있는 시간에도 마치 영화의 한 장면처럼 그 순간들이 머릿속에 스쳐간다. 정말로 지우고 싶은데 왜 자꾸만 떠오르는 걸까?

이런 예는 우리 주변에서 얼마든지 더 찾을 수 있다. 안타깝게도 같은 수법의 사기에 반복해서 당하는 이들 중에도 이런 현상으로 볼 수 있는 경우가 많다. 지능의 문제 아니냐며 비아냥대는 이들도 많지만 항상 그런 것은 아니다. 사회적으로 성공하고 합리적 사고를 하던 이들이 이 문제에서만 유독 비이성적인 모습을 보여 가족과 주변 사람을 분통 터지게 만들기도 한다. 투자나 사업에 번번이 실패하지만 거액의 빚을 지면서까지 계속 같은 방식으로 도전하는 이들도 있다. 분명 훨씬 더 안전한 투자처들이 있는데도, 주변에서 뜯어 말리는데도. 욕망이나 중독성만으로 설명하기 힘든 경우가 분명 있다. 물론 마지막에 성공을 거두어 그간의 무모한 도전이 선견지명이었다고 아름답게 포장되는 경우도 있지만, 그렇게 되지 않을 가능성이 훨씬 더 높다.

실패한 이야기의 결말을
고치려는 시도, 반복 강박

상처는 무작정 덮는다고 지워지지 않는다. 그럼에도 많은 사람들이 그저 덮어놓을 뿐이지만, 그때도 무의식은 나름의 방식으로 어떻게든 상처를 지우려 노력한다. 놀랍게도 반복 강박은 과거의 상처를 해결하기 위한 시도들 중 하나로, 무의식의 용감한 정면 돌파 방식이라고 볼 수 있다. 그럼 어떻게 이런 일이 일어나는 걸까?

우선 그들의 반복되는 상처들 중 첫 번째 상처부터 보자. 그것은 단연코 스스로 선택한 상처가 아니다. 그저 운명처럼 주어졌다. 가령 이들은 알코올중독에 빠졌거나 학대하고 방임하는 부모를 받아들일 수밖에 없었을 것이다. 성인이 되어 큰 상처를 겪은 경우도 마찬가지다. 처음 만난 연인이 거짓말과 외도를 일삼는 사람일지 누가 상상이나 하겠는가. 처음 접해보는 혼란스러운 상황 속에서는 상대방의 감언이설에 속수무책으로 끌려가기 쉽다. 이렇게 너무나도 수동적으로 당하고 받아들일 수밖에 없었던 이 상처를 극복하기 위해 무의식이 무모한 도전을 감행한다.

시작은 예전과 같은 시나리오의 무대를 여는 것이다. 이제는 새로운 배우와 함께. 냉정한 부모에게 상처를 받았다면 냉정한 사람을 연인으로 선택한다. 데이트 앱으로 만난 연인의 온갖 외도를 목격하고 고통받은 사람이 그 후로도 계속 데이트 앱으로만 연인을 만난다. 그들과 잘 지내길 바라며 노력한다. 그들이 나와의 관계 속에서 공감해주고 다정하게 변화하길, 다른 사람과는 연락을 다 끊고 내게만 집중하길 바란다.

과기와 유사하게 언출된 상황 속에서 이전과는 다른 결말을 봄으로써 과거의 상처를 씻어내려는 무의식적 시도, 그게 바로 '반복 강박'의 정체다. 이것이야말로 어떻게 해도 지워지지 않는 과거의 상처를 근본적으로 해결할 수 있는 방법이라고 믿는 무의식의 재도전이다. 결국 새롭게 성공해낸다면 과거의 내가 틀리지 않았다는 증거가 될 수 있으니까. 더 이상 후회와 자책으로 괴로워하지 않아도 될 테니까.

하지만 안타깝게도 이 시도는 대부분 실패로 끝난다. 나 자신을 바꾸는 것도 힘든데, 상대방을 내 뜻대로 변화시키는 일이 가능할까. 기본적으로 안 되는 것이 당연하다. 진료실에서 반복 강박에 대해 설명하면 놀라며 인정하는 경우도 많지만, 모든 이의 반응이 같지는 않다. J는 그의 상처가 반복되는 이유 중에 자신의 선택으로 인한 부분이 있다는 해석에 저항했다. 그리고 운명 탓으로 돌렸다.

"내가 이런 사람인 줄 알고 만났겠냐고요! 처음 만날 때는 분명 술을 잘 조절했어요. 아무리 봐도 전 그냥 운이 없는 것 같아요."

"그런데 그 사건 후 어느덧 두 달이 지났고, 이 연애의 문제를 지난 몇 차례 상담에서 확인했잖아요? 주변에서도 다 당장 헤어지라 하고요. 그런데도 온갖 이유들로 관계가 지속되고 있어요. 보통 연애 초기에 그 정도 일을 당했으면 깜짝 놀라 이미 헤어지고도 남았을 텐데 말이예요."

반복 강박 심리의 증거와 진정 무서운 지점이 이 짧은 대화 속에 다 드러난다. J에겐 이 상처를 겪지 않을 수 있는 기회의 순간들이 여럿 있었다. 다시는 술을 마시는 사람을 만나지 않겠다던 그의 다짐대로, 소개팅 제안을 받았을 때 음주 여부를 확인해보고 거절할 수도 있었다. 만난 후에도 음주 빈

도나 정도가 지나치다 싶었을 때 연애까지 이어지는 것을 재고해볼 수도 있었다. 그러나 J는 사건이 벌어진 지 두 달이 지난 지금까지도 연인관계를 이어가고 있다. 소개해준 지인에게 미안하다며, 아직 깊은 대화를 나눌 기회가 없었다며, 알고 보니 그 사람에게도 안타까운 과거가 있고 참회하고 있다며… 이렇게 반복 강박 심리는 J를 문제적 사랑 안에 가두었다. 그의 의식을 조종하여 그 사람과 정리할 수 없는 온갖 이유를 만들어냈다.

반복 강박의 심리는 생각보다 매우 흔하다. 나 역시 지난 삶을 돌아보면 분명 반복 강박으로 설명되는 몇몇 순간이 있다. 정도의 차이가 있을 뿐 많은 이들의 삶에 영향을 미치고 있다. 이 반복 강박이란 녀석을 이 글을 정리하고 있던 오늘도 진료실에서 만났다.

"저도 제가 왜 이렇게 이 생각에 집착하게 되는지 모르겠이요. 그 사람이 스스로 뭘 잘못한 건지 제대로 깨닫고 진심으로 사과했으면 좋겠어요."

O는 몇 달 전부터 연애의 종결을 직감하고 마음의 준비를 하고 있었다. 거부-회피 애착을 강하게 띄는 상대방과 깊은 대화를 나누고 싶어 꾸준히 노력했지만, 알겠다면서도 끝내 마음을 열지 않는 모습에 결국 이별하게 되었다. 그렇게

연인 사이를 끝낸 지 한 달, O의 마음은 아직 그 연애의 마지막 순간에서 벗어나지 못하고 있었다.

"이번 연애 이전부터 제 연애 패턴에 대해 이렇게 상담하고 머리로 다 알고 있었는데도 이런 결과가 나왔잖아요. 그걸 견딜 수가 없어요. 저는 노력했는데 끝내 받아주지 않은 상대방에게 화가 나기도 하고요. 끝까지 이해 못한 상대방에게 정말 가르쳐주고 싶어요."

"음, 글쎄요. 분명 O씨 인생에서 한 단원이 끝났어요. 그런데 그 결말을 받아들일 수 없어 계속 고쳐 쓰고 싶은 마음이 드는 거죠. 하지만 아무리 내가 내 인생의 주인공이라고 하더라도 그 이야기가 마음대로 흘러갈 수만은 없다는 사실을 인정해야 돼요. 혼자만의 이야기가 아니라 다른 등장인물이 있기 때문이고, 그의 성격과 심리는 그 사람의 것이죠. 아쉽더라도 받아들여야 다음 단원이 시작될 수 있어요. 다른 사람과 좋은 이야기를 만들어갈 기회가 다음 장에 있어요."

혹시 나쁜 사람만 반복해서 만나고 있다면, 혹은 한 사람과의 나쁜 관계에서 반복하여 상처를 입고 있다면, '반복 강박'이라는 돌격대장이 내 무의식 세계를 지배하고 있는 건 아닌지 살펴볼 일이다. 과거의 상처로부터 자유로워질 수 있는 방법은 여럿 존재한다. 꼭 정면으로 도전하느라 지금 이 시간을 괴롭게 만들 필요는 없다. 우리의 인생은 한 번뿐이며, 그렇기에 지금이 소중하다. 과거에 쓰인 이야기는 어쩔 수 없지만, 새로운 이야기를 적을 빈 종이가 누구의 삶에나 펼쳐져 있다. 그 하얀 종이 위에 과거의 고통을 반복해서 적지 말자. 나도 모르게 반복되던 플롯을 멈추자. 연애는 행복해지기 위해서 하는 것이니까.

내 삶의 배우를 만들고 싶은 마음

—— 투사적 동일시와 내 안의 연출가

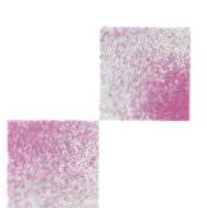

'나는 내 인생의 주인공'이라는 말에 동의하지 않을 사람이 있을까? 나 자신은 자기 삶의 모든 장면에 빠짐없이 등장하는 유일한 주인공이다. 그렇다면 '나는 내 삶의 연출가'라는 말은 어떨까? 일견 맞는 말 같고 실제 자주 쓰이는 표현이기도 하다. 그런데 조금 더 깊이 들여다보면 잘못된 말이라는 걸 알 수 있다. 연출가는 극에 등장하는 모든 인물의 심리와 행동, 환경까지도 통제하는데, 현실의 우리에게 그런 능력은 없다. 그런데 가끔씩은 기이하게도 연출가의 존재가 느껴질 때가 있다. 눈에 보이지는 않지만, 연출가 없이는 이게 설명 가능한 일일까 싶은 상황들을 맞닥뜨리게 된다.

20대 초반 여성 H는 가정 폭력을 일삼는 아버지 밑에서 자랐다. 대학생이 된 지금도 툭하면 뺨을 맞는다는 이야기에

나 역시 다소 당황했다. 성인이 된 그는 매번 나이 차이가 꽤 나는 연상의 남성과만 연애를 했다. 그들은 한결같이 H를 강하게 억압하고 통제했고, 심지어 폭력으로 이어지기까지 했다.

30대 중반 남성 Y는 급작스러운 건강 악화 때문에 첫 연인으로부터 버림받은 과거가 있다. 머리로는 이해하면서도 가슴으로는 얼마나 받아들이기 어려웠는지, 10년 넘게 지난 일임에도 그때 이야기를 하며 진한 눈물을 흘렸다. 그런데 첫 연애 이후 그가 만난 모든 연인들은 관계가 깊어질 만하면 어김없이 그를 버리고 떠나갔다.

이 둘 모두 '반복 강박'의 심리에 묶여 있다는 것을 이제 우리는 안다. 하지만 지금 이 순간에도 '저들은 결국 불운한 것 아닌가'라는 질문을 던지는 이가 있다면, 날카로운 지적에 칭찬을 건네고 싶다. 반복 강박의 심리만으로는 분명 설명되지 않는 부분이 존재한다. 연인 중에 따뜻한 사람이 하나라도 있었다면 반복되는 굴레가 끊길 것 아닌가? 반복 강박의 심리가 아무리 강력하다 해도, 어떻게 당사자가 아닌 타인들까지 통제할 수 있단 말인가? 그렇다면 그 타인들의 심리와 행동까지 통제하는 연출가가 존재하는 것일 텐데, 불운이 아니라면 과연 무엇이란 말인가?

H 역시 이 지점에서 생각이 더 나아가지 못했다.

"반복 강박이란 개념은 알겠는데, 말이 안 되잖아요. 상대방이 하나같이 똑같이 행동한다는 게. 역시 그저 불운한 것 같아요. 선생님 생각은 어때요?"

"그러게요, 대체 왜 그럴까요?"

"몰라서 선생님한테 물어보러 왔는데 왜 답은 안 주고, 신기하다는 표정만 하고 계세요?"

"그것 참 신기하지 않아요? 저는 이런 이야기를 들을 때마다 너무 신기하더라고요. 어떻게 하나같이 그럴까요? 사람들마다 좀 다를 만도 한데."

"그런데 저 말고도 이런 사람들이 또 있어요? 이렇게 운이 없고 답 없는 연애하는 건 저뿐인 줄 알았는데…"

"사람마다 마음이 다 다르다고 하지만, 또 어떻게 보면 사람 심리라는 건 거기서 거기이기도 해요. 매번 드리는 말이지만, 그들 말고 내 쪽의 요인을 한번 생각해볼까요? 스스로를 탓하자는 것은 아니고요."

"음, 진짜 모르겠는데… 이런 것도 답이 될 수 있을까요? 이전 남자 친구들이 공통적으로 한 밀이 있는데, 지랑 만나는 건 마치 말 안 듣는 딸 챙기는 느낌이라고 했어요. 근데 이런 걸 말하는 게 맞나요? 엉뚱한 데로 얘기가 흐르는 것처럼 느껴져요."

아니다. 바로 이거다. 이거야 말로 진짜 단서다.

"저는 지금 이야기 흐름 너무 좋은데요. 계속 더 얘기해

보세요."

"지금 와서 돌이켜보면 말 안 듣는 딸, 이런 말이 나오는 시점 이후로 점차 마찰이 생겼던 것 같아요. 그 사람들 다 처음부터 폭력적이었던 것은 아닌데 말이죠…."

고쳐 쓰려는 내 이야기 속 악역 만들기

내게 답을 구하지만 사실 답은 항상 내담자의 마음속에 있다. 나는 그들의 입을 통해 밝혀진 심리 조각들을 약간만 짜맞추고 이름표를 달아줄 뿐이다. 이번에 발견된 심리 조각의 이름은 '투사적 동일시'다. 이름도 생소한 이 녀석이 '반복 강박'과 함께 씨실과 날실처럼 단단한 심리를 직조하여 연인들 양쪽의 마음과 행동을 옭아매고 조종한다. 투사적 동일시라는 용어를 꺼냈을 때 '아, 바로 그거였군요!'라고 반응한 사람은 그간 한 명도 없었다. 다들 이 처음 듣는 말에 대한 설명을 기다리는데, 그때가 내게는 여전히 어려운 순간이다. 말을 버벅이며 다소 어설프게 설명이 나가는데, 상담학 사전의 정의를 보면 나의 서투름이 이해가 될 수도 있겠다.

"원하지 않는 자신의 일부분이나 원하지 않는 내부 대상을 분리시켜 투사하고, 해를 입히고, 조정하고, 소유하고자 하는 심리적 기제."

더 쉽게 바꿔본다면 이런 정도가 가능할 것 같다.

"자기 안에서 받아들이기 힘든 감정이나 심리를 타인에게 떠넘기고, 이를 통해 상대방을 실제 그런 사람으로 만들게 되는 마음의 작용."

이래도 역시 어렵다. 전공의 수련을 받을 때 투사적 동일시의 개념이 쉽게 이해가지 않아 고민했던 기억이 선하다. 개념 자체가 어려울 뿐 아니라, 사람 사이에 이런 심리가 오간다는 것이 잘 믿기지도 않았다. 실제 환자들의 마음속에서 살아 있는 이 심리를 여러 차례 만난 후에야, 그리고 나에게 가해지는 투사적 동일시들도 경험하고 난 후에야 진정으로 깨닫게 되었다. 조금 더 간단하게, 그리고 문제적 사랑에 해결책을 제시한다는 이 글의 목적에 맞춰 설명해보자면, H와 Y의 삶에서 투사적 동일시는 반복 강박을 완성하기 위한 도구다.

앞서 말했듯 어떤 사람들은 과거의 트라우마를 씻어내기 위해 무모한 도전에 뛰어든다. 과거를 반복하며 재도전하기 위한 무대를 연출하고, 이전과 달리 이번에는 자신의 힘으로 해피엔딩을 만들고자 시도한다. 이 모든 과정은 무의식에서 일어나기에 스스로 인지하지 못한다.

배우는 바뀌지만 플롯은 동일하다. 우선 강압적인 아버

지에게 받은 상처를 씻어내기 위해 그 역할을 수행할 대역 배우가 필요하다. 그렇기에 원조와 닮은 구석이 있는 이를 계속해서 찾고, 캐스팅된 배우가 정해진 역할을 수행하길 기대한다. 그런데 생각해보면 그들은 꼭 그 역할을 수행할 이유도, 그리리라는 보장도 없다. 게다가 혹시라도 그들이 이 플롯의 정체를, 진짜 목적을 알아챈다면 과연 그 악역을 맡으려 할까? 연인에게 일부러 상처 주고 싶은 이가 과연 얼마나 있을까? 정상적인 사람이라면 단연코 거부할 것이다. "난 네 아버지와 다른 사람이야. 어떤 상황에서도 그렇게 행동하지 않고 널 안아줄 거야"라고 말할 테다. 하지만 이래서는 반복 강박이 완성될 수 없기에, 아주 은밀하게 진행되는 투사적 동일시의 과정이 필요하다.

"이전 남자 친구들 모두 저랑 만나는 건 마치 말 안 듣는 딸 챙기는 느낌이라고 했어요."

이 말에 단서가 숨어 있다. 이전 연인들의 이런 한결 같은 반응은 H의 투사적 동일시가 만들어낸 결과물이다. H는 말 안 듣는 딸의 역할을 적극적으로 수행함으로써 계속해서 연인들의 인내력을 시험하고, 결국에는 그들이 화를 내게 만들었다. 일부러 어린 아이 같이 고집스럽고 말 안 듣는 모습을 보이고, 연인이 걱정에 빠질 상황들을 연출했다. 그럼에도 화내지 않고 일관된 사랑을 보이는 연인에게는 공격의 수위를 점차 높여나갔다. 가령 연락이 끊긴 채 다른 남성과 늦은 시간까지 술자리를 갖는 식으로. 마치 '이래도 화 안 낼 거야? 이래도? 이렇게까지 해도?'라는 것처럼. 그 결과 연인들의 마음속에는 점차 이전에는 없던 감정들이 자라난다. 말 안 듣고 자주 걱정시키는 H에게 화가 나고 그를 통제하고 싶어진다. 그렇게 연인들은 자신도 모르는 사이에 H의 아버지 역할을 수행하는 대역 배우가 되어가고, H의 반복 강박은 완성된다. 정리하자면 아버지와 딸 사이에서나 오갈 만한 감정을 상대방에게 불어넣음으로써 그들의 마음 자체를 아버지처럼 바꾸어버린 것이다.

Y 역시 반복 강박을 완성하기 위해 그를 떠나갈 여성들이 필요했다. 이를 위해 그는 적극적으로 행동했다. 연애가 시작된 순간부터 최선을 다해 자신의 약한 모습을 보여주었다. 연애 전과는 너무나 다른 그의 유약한 모습에 놀란 연인들은 그를 떠나갔다. 간혹 정해진 플롯대로 행동하지 않는 배우가 등장할 때는 바람 피우는 모습까지 보이며 떠나게 만들었다. 그리고 마지막 이별의 순간, 울면서 붙잡는 그의 손길을 모두들 냉정하게 거절했다. 마치 첫 연애 때의 그 사람처럼.

과거의 상처를 씻어내기 위해 아버지의 대역 배우들이 필요했던 H. 그는 억압하고 통제하는 연인들에게 어린 시절과는 다르게 적극적으로 항거했지만, 결국 모든 연애마다 끝없는 다툼뿐이었다. 과거의 연인과는 다른, 취약한 자신을 품어 줄 사람이 필요했기에 새로운 배우들을 선택의 순간으로 몰아붙였던 Y. 결국 그는 매번 홀로 무대에 남겨져 자신의 불운을 비관하게 되었다. 투사적 동일시라는 방법까지 동원하여 완성된 반복 강박의 결과는 이러했다.

너무 말도 안 되는 이야기라고, 정신과 의사들이 허황된 이야기를 풀어놓는다고 느끼는 이들도 있을 테다. 십분 이해한다. 나 역시 예전에 그렇게 생각하기도 했으니까. 혹은 가해자들을 변호하고 피해자들 탓으로 돌리는 것이라 느끼는 이들도 있을 테다. 그에 대해서는 분명히 그럴 의도가 아니라고 강조하고 싶다. 이러한 심리들로 상처받는 모든 연애를 설명할 수 있는 것도 아니다. 그런데 앞서 이야기했던 반복 강박처럼 투사적 동일시 역시 우리 삶 곳곳에서 생각보다 자주 일어나고 있다. 겉으로 보이지 않을 뿐이다.

알고 있지만 인정하고 싶지 않은 마음 끊어내기

———

'나는 이런 상처가 있으니 삶의 첫 단추가 이미 잘못 끼워졌구나. 역시 이번 생은 글렀어.'

‘역시 과거의 상처가 있거나 안 좋은 환경에서 자란 사람은 만나면 안 돼.’

지금 이런 생각이 드는 사람들도 있을 테다. 당연히 그럴 수 있다. 하지만 내면의 이 목소리를 알아챌 뿐, 이에 휩쓸려 가지는 않았으면 좋겠다. 그저 나와 남을 응원하는 다른 목소리에 더 힘을 실어주길 바란다. 자신에게서 이런 심리를 발견하게 되었다고 좌절할 일도 아니다. 내 삶의 반복되는 시나리오를 바꿀 수 있는 좋은 기회가 주어진 것뿐이다.

머릿속에 자연스럽게 한 사람이 떠오른다. 말 그대로 ‘엄친아’였던 S는 매력적인 외모와 성격, 명문대 학벌, 부유한 집안 환경 등 빠질 것이 없어 항상 인기를 끌었다. 하지만 평탄하기만 한 삶이란 없나 보다. 모든 이들이 자신만의 전쟁을 치르며 살아간다. 완벽해 보이는 그에게도 여러 문제와 상처가 있었는데, 크게 나눠보면 세 가지였다. 가정, 우울 그리고 연애였다.

S는 어릴 때부터 알코올중독 아버지와 나르시시스트 성향이 강한 어머니 사이의 심한 불화를 목격하며 자라왔다. 아들을 자신을 빛내기 위한 메달로 여기는 어머니는 항상 통제적이었다. 어릴 땐 통제대로 끌려갔지만, 우울증이 생긴 뒤로 S는 변하기 시작했다. 진정한 자기 삶을 살지 못해 우울증이 생겼다는 것을 깨달은 S는 심리적 독립을 시도하며 많은

변화를 일궈냈다. 자신이 바라는 진로를 선택했고, 부모님과는 이전보다 거리를 두며 건강한 관계 형성에 성공했다. 글로는 이렇게 단 두 줄로 표현되는 간단한 내용이지만 이 변화를 이뤄내기 위해 그는 수백 번의 상담과 몇 년의 시간, 그걸 견뎌내는 의지와 노력이 필요했고, 결국 해냈다.

그런데 아쉽게도 연애는 계속 문제였는데, 몇 년의 상담 기간 동안 내가 본 그의 연애는 둘 중 하나였다. 어머니의 마음에 들거나, 들지 않거나. 사람들이 선망하는 직업과 학벌을 가진 이들과의 연애, 즉 어머니가 좋아하는 연애가 끝나면 정반대인 사람과의 연애가 시작됐다. 그리고 그중 어느 경우도 건강하고 안정적인 장기 연애로 이어지지 않았다. 그러던 어느 날 S가 말을 꺼냈다.

"이번에 헤어지고 나서 고민하던 중에 머릿속 퍼즐이 맞춰지는 것 같이 정리가 됐어요. 제가 왜 그렇게 연애를 했는지, 무엇이 문제였는지. 엄마가 반길 만한 좋은 조건인 사람들에게는 그저 반감이 들었던 거예요. 엄마가 골라준 사람도 아닌데 말이죠. 그저 반항하고 싶은 마음이었는지, 아니면 좋은 조건의 둘이 만난 결과물이 지금 우리 집안이니까⋯ 그런 미래를 혼자 그리며 두려워한 건지도 모르겠네요. 지금 생각해보면 참 미안하기도 해요. 말 안 듣는 아들처럼 계속 괴롭히니까 그 사람들도 얼마나 힘들었겠어요.

반대로 '그런 조건들을 하나도 지니지 않은 사람'들을 괜히 저 혼자 좋게 바라보기도 했죠. 막연히 더 착한 사람이리라 기대하고, 사회가 지향하는 방향과 다르게 살고 있는 걸 더 멋있고 용기 있다고 느꼈고요. 물론 그런 사람들도 있지만, 제가 만났던 이들은 그냥 무책임하고 미성숙한 사람들이었어요. 조건만 따지는 엄마를 속물이라고 생각했는데, 저 역시 눈앞의 사람들을 있는 그대로 바라보지 못했으니 연애가 잘될 수 없었겠죠."

그의 담담한 자기 고백은 계속 이어졌다.

"사실 1~2년쯤 전부터 이런 제 마음을 알고 있었어요. 그런데 인정하고 싶지 않았던 거죠. 인정해버리면 그동안의 믿음이 패배하는 것 같은 느낌에, 한 번만 더, 한 번만 더를 외치며 반복해서 도전했나 봐요. 언젠간 좋은 사람이 나타나 그동안의 믿음에 보답해줄 거라 기대를 갖고요. 이제는 당분간 누가 다가오더라도 연애는 안 하려고 해요. 선생님이 그렇게 1년만이라도 언애를 멈춰보라고 했는데, 이제야 무슨 말인지 알겠고 그럴 준비가 된 것 같아요."

그렇게 S는 문제적 사랑을 멈추었고, 더 이상 남은 문제가 없기에 상담도 종결되었다. 어떻게 사는지 이 글을 적으며 다시 한번 궁금해졌지만, 나는 그가 연애 중이든 아니든 이전보다 행복하리라 믿는다. 용기 있게 과거를 들여다보며 그 서사를 끊어냈기 때문이다.

누구나 살다 보면 상처 입는 순간이 온다. 그리고 그 상처로부터 비롯된 몇몇 심리들이 계속 그 순간에 머물게 만든다. 그럴 땐 힘들더라도 반드시 그 상처를 들여다봐야 한다. 자책이 아닌 성찰의 눈으로. 그렇게 내 마음이 바뀌면 연애도 바뀐다. 마음이 더 건강해지면 더 좋은 사람을 만나게 되는 모습을 계속해서 목격해왔다. 신기할 정도로 자연스럽게 변화가 일어난다. 내가 바뀌었으니 내 마음의 결과 맞아 떨어지는 상대방도 바뀐 것이다. 건강하지 않은 사람과는 잘 안 들어맞게 되고, 관계가 생길 뻔해도 초반에 끊어내게 된다.

과거의 반복된 고통이 그저 불운 때문이 아니었듯, 새로 만나게 된 좋은 인연 역시 그저 행운으로 인한 것이 아니다. 내가 변화해서 만들어낸 관계라는 점을 제대로 인식하는 것이 중요하다. 운으로만 여기면 이번의 행운에 집착하게 되고, 불안감이 투영된 관계는 건강해지지 않으니까. 내가 변화했으니 설령 이번 연애가 끝나더라도 나는 또 좋은 사람을 만날 것이란 여유 있는 태도 속에 건강한 관계가 자라난다.

나는 내 삶의 주인공이다. 그리고 때로는 연출가가 되기도 한다. 어느새 나도 모르게 과거의 시나리오가 반복되고 있을 때, 내 안에 연출가가 있는지 의심해보아야 한다. 현재의 사람들에게 과거 인물의 배역을 맡기는 일을 그만두어야 한다. 과거의 상처는 과거에 남겨두고, 새로운 장면들을 만들어 나가야 한다. 새로운 등장인물들과 함께.

어디까지 과거에서 답을 찾아야 할까

—— 신경증 환자란 애매모호함을 못 견디는 사람이다

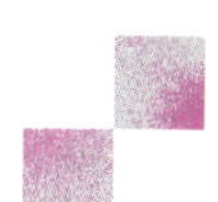

지금까지 소개한 여러 유형들은 과거의 상처와 결핍이 현재 문제적 사랑의 씨앗으로 작용했다는 공통점이 있다. 기존의 정신과 의사들과 심리상담가들의 책에서도 어렵지 않게 볼 수 있는 패턴들이다. 그럴 수밖에 없다. 실제로 상담을 하며 현재 심리의 뿌리를 찾다 보면 자연스럽게 과거로 이야기가 이어지니까.

나 역시 이 분야 책을 읽기나 상담을 하고 난 뒤에 미릿속도, 마음속도 복잡해질 때가 있다. 의도하지 않아도 자연스레 내 마음을 들여다보게 되고 궁금증이 생겨난다. 최근에는 연애에 대한 글을 이렇게 계속 쓰다 보니 그와 관련된 생각과 의문도 새록새록 많아진다. 나는 대체 왜 그렇게 미숙한 연애를 했던 걸까?

‘미처 몰랐는데, 나한테서 마음에 안 드는 모습 또 하나 발견했네! 끝이 없네…’

‘그런데 이런 모습은 왜 생긴 거지?’

자연스럽게 과거의 날들로 생각이 흐른다. 오랜 기간 묻어두고 살았던, 그저 사라져버린 듯했던 어린 시절 기억들을 떠올리고 되짚어보기도 한다. 아주 어릴 때 부모님과의 첫 기억, 인생에서 가장 중요한 등장인물 중 하나인 형, 친구들과 뛰놀던 기억, 스트레스 받았던 순간들… 셀 수 없이 많은 기억들 모두가 단서다. 이 단서들을 통해 새로운 이해를 얻을 때도 있지만, 여전히 도무지 이해가 안 가는 내 안의 어떤 심리들도 있다.

가끔씩은 추가로 이런 생각이 떠오르기도 한다.

‘혹시 어린 시절 내가 기억하지 못하는 상처가 있는 것은 아닐까?’

‘나 역시 진료실에서 만난 많은 사람들처럼 힘든 기억을 무의식 속으로 억압해버린 것은 아닐까? 관련된 감정도 격리시켜버린 것은 아닐까? 나는 내 어린 시절에 대해서, 부모님의 양육 방식에 대해서 얼마나 알고 있나?’

이런 의문들을 내 머릿속만이 아니라 진료실에서도 맞닥뜨리곤 한다.

마음이 선선한 온도에
머무는 순간들도 당연하다

30대 초반의 남성 K는 중요한 시험을 앞두고 생긴 심한 긴장 증세와 불안감으로 진료실을 찾았다. 치료 자체는 아주 간단했다. 시험이 코앞이기에 이 불안의 근원을 찾아갈 시간은 없었다. 당장의 문제를 해결하는 것이 중요했기에 불안을 줄여주는 약물을 처방했다. 다행히 그는 긴장 증세 없이 시험과 면접을 잘 치를 수 있었다. 호소하는 다른 증상은 없었기에 더 이상의 치료는 필요 없어 보였다. 자연스럽게 나는 다음에 또 필요한 일이 생각나면 이번처럼 편하게 들러도 좋다고 말하며 종결을 안내했다. 그러면 대다수는 떠나는데, 그는 다른 선택지를 골랐다. 예전부터 스스로에 대해 궁금한 것이 있었다며, 정신건강의학과에 용기 내어 왔으니 그 궁금증을 해결해보고 싶다고 말했다.

그렇게 시작된 상담에서 그는 내뜸 자신에게 애정 결핍이 있는 것 같다고 말했다. 그러면서 들려준 과거 연애사는 아주 평범해 보였는데, 몇 가지 특징이라 할 수 있는 부분이라면 이러했다. 한 번 사귀면 최소 일 년 이상은 관계가 유지되었고, 연애와 다음 연애 사이에 거의 틈이 없었다. 그리고 연애할 때는 연인에게 더 집중하느라 친구들과의 관계가 소홀해지는 편이었다. 이별할 때마다 혼자인 기간을 잘 견디지 못해 돌아오는 그를 친구들은 농담 반, 진담 반으로 비난하기도 했지만, 그의 좋은 사교성 덕인지 매번 잘 받아주었다. 그러나 친구들과의 즐거운 시간도 잠시, 짧은 쉬는 시간 후 다음 수업에 들어가듯 금방 새로운 연애를 시작했다. 처음에는 그저 너무 당연하게 여겨 자신에게 이런 면이 있는지조차 몰랐지만, 알아챈 이후로는 스스로의 이런 모습이 마음에 들지 않았다. 친구들과 달리 혼자인 시간을 잘 보내지 못하는 자신에게 문제가 있다고 느껴졌다.

'애정 결핍이 있는 건가?'

'대체 왜? 보통 이런 경우엔 어린 시절 상처가 있다고 하던데… 나도 그런가?'

그가 책이나 유튜브를 통해 접해온 지식에 따르면 애정 결핍은 과거 온전한 사랑의 경험이 없는, 결핍을 가진 사람들에게 나타나는 것이었다. 그렇기에 K는 자신의 과거를 열심히 돌아보기도 하고, 관련된 정보들을 더 찾아보기도 했다. 하지만 도저히 그럴 만한 기억은 떠오르지 않았다. 그러자 어느 순간부터 자신이 기억하지 못하는 큰 트라우마가 있는 것은 아닌지 의심하기 시작했다. 실제 이런 케이스들이 많다는 이야기도 들었다. 여기까지 생각이 이어지자 마음이 무겁고 불편했다. 사랑하는 부모님을 의심의 눈으로 바라보기 시작하자 죄책감까지 든다고 했다.

"당연히 마음이 불편할 수 있어요. 많은 분들이 비슷한 얘기를 하시거든요. 하지만 우리는 그저 과거 기억들을 살펴보는 것뿐이지, 누구를 비난하려는 목적으로 얘기하는 것이 아니에요. 이야기를 이어나가도 괜찮습니다."

K는 일곱 살 위의 형을 둔 막내로 태어났다. 따뜻하고 공감해주는 성격의 부모는 그에게 좋은 추억을 많이 남겨주었다. 형과 마찰이 있을 때도 부모님은 대부분 어린 그의 편을 들어주었고, 그러한 상황을 무리 없이 받아들인 형은 어린 동생을 예뻐하며 양보도 잘 해주었다. 사랑을 듬뿍 받으며 자란 그는 자신이 보고 배운 대로 사랑을 잘 주기도 했다. 또래 친구들과 늘 잘 지냈고, 동성과 이성 모두에게 인기도 많은 편이었다. 이렇게 문제없이 자라온 그에게 왜 애정 결핍처럼 느껴지는 부분이 있는 걸까? 인생의 모든 순간에 충분한 애정을 받으며 살아왔는데도 왜 목말라 하는 것일까?

앞서 '온전히 나만 좋아해주는 너' 장에서 소개했던 심리가 여기서도 작용한다. 연애할 때마다 친구들에게는 급격하게 소홀해진 이유에 대해 "전 누군가가 온전히 저만을 좋아해주기를 바라는 것 같아요. 아무래도 친구들 사이에서 전 여러 명 중의 하나일 뿐이잖아요?"라고 답했던 이의 마음이

K와 겹친다. 앞서 말했듯 아이에게 충족만큼 중요한 것이 '건강한 좌절의 경험'이다. 프로이트는 특정 발달 시기에 어린 아이의 욕구가 결핍되거나 과잉 충족될 경우 성인이 되어서도 그 시기에 마음이 고착된다고 보았다. 어린 아이에게 가장 중요한 것은 일관된 애정이지만, 또한 동시에 그것이 계속해서 완벽할 수는 없다는 좌절의 경험들 또한 있어야 마음이 성인으로 자라난다.

K의 마음은 어린 시절부터 일관되게 유지되어온 애정의 온도에 익숙해져 있었다. 하지만 성인이 되어서도 그 온도가 항상 유지되기란 불가능에 가깝다. 각자의 삶을 사느라 가족들과 보내는 시간은 줄어들기 마련이며 자연히 가족들로부터 받는 온기는 줄어든다. 그런데 옆에 있는 친구들로부터 받는 평범한 애정의 온기로는 마음이 충분히 덥혀지지 않는다. 그래서 항상 특별하고 뜨거운 관계의 연인이 필요했다. 그런 그에게 진정으로 필요한 것은 마음이 선선한 온도에 머무는 순간들도 당연하다는 사실을 받아들이는 것이었다. 나아가 다양한 온도에서도 잘 지낼 수 있는 사람이 되기 위한 연습이 필요했다.

대부분의 사람들은 애정 결핍의 원인을 과거에서 찾으려 한다. K 역시 그것이 고민이었기에 괜히 부모님을 의심하고, 아직 찾지 못한 뿌리 깊은 문제가 있을 것이라 여겼다. 하지만 의외로 다른 곳에 답이 숨어 있었다는 것을 알게 된 K의 얼굴은 아주 편안해 보였고, 궁금증을 해결한 그는 곧 치료를 종결했다.

애매모호한 것은 그대로 두고 지금의 삶에 집중하기

이렇게 마음이 금방 정리된 K의 경우와 달리, 과거에 지나치게 매인 채 벗어나지 못하는 반대 극단의 사람들도 종종 만난다. 예전에 내게 정신분석을 받고 싶다며 찾아왔던 20대 남성 T가 떠오른다. 지금도 연륜이 충분하다 할 수 없지만, 그 당시의 나는 전문의라 하더라도 정말 애송이에 가까웠다. T의 이야기를 들어보니 그는 이미 지난 수년간 세 차례의 정신분석 치료를 받았다. 그리고 지난 치료자들 중에는 정신분석의 대가로 꼽히는 저명한 분도 있었다. 솔직히 핑계를 둘러대며 치료를 피하고 싶은 마음이 컸다. 내 부족한 점이 얼마나 바로 보일지 뻔하지 않은가.

그런데 또 이런 생각이 들었다. '오죽 답답했으면 여기까지 왔을까. 새로운 활로를 찾아보려는 간절한 시도 아닐까. 이전 치료자에 비할 수 없겠지만, 그래도 나만의 장점이 있겠지. 어떻게 보면 경험이 적은 만큼 더 편견 없이, 더 젊은 만큼 더 열정적으로 치료에 임해볼 수 있지 않을까?' 그렇게 T와의 정신분석이 시작되었다. 그런데 회차가 쌓일수록 더 분명히 깨닫게 되었다. 그는 이미 모든 것을 다 알고 있었다. 자신의 마음이 왜 이리 흘러왔는지, 과거 부모와의 관계와 인생의 주요 이벤트들이 자신의 성격 형성에 어떤 영향을 미쳤는지 등에 대해 샅샅이 알고 있었다. 나의 추가적인 해석이 들어갈 여지가 보이지 않았다.

그렇다고 여기에서 정신분석을 끝낼 일은 아니었다. 내가 보기에 그에게 필요한 것은 현재 자신의 모습을 그대로 받아들이고 지금의 삶과 지금의 대인관계에 집중하는 것이었다. 과거가 아닌, 지금의 관계들에서 일어나는 정신 역동을 탐구하고 분석하는 작업이 필요했다. 과거에서 지금으로 눈을 돌릴 시점이었다. 하지만 그의 생각은 달랐고 완고했다. 아직도 명확히 이해 가지 않는 것들이 있다고, 과거의 원인을 확실히 더 밝혀내야 속 시원히 앞으로 나아갈 수 있을 것 같다고 했다. 그는 기존 치료자들이 사용했던 정신분석 이론들 외에 새로운 이론들로, 자신의 마음을 다른 방향으로 분석해주기를 원했다. 무의식 속으로 더 깊이 들어가 숨겨진 기억들을 끄집어내주기를 바랐다. 이해 가지 않는 부분이 여전히 존재한다면서.

"저도 저 자신에 대해 이해 안 가는 부분이 많아요. 정도의 차이는 있겠지만 그건 누구나 그렇다고 생각합니다. 프로이트가 이런 말을 한 적이 있어요. 신경증 환자란 애매모호함을 견디지 못하는 사람들이라고요. 그 확실치 않은 부분은 그대로 남겨두고, 애매모호함을 견디며 지금의 삶으로 시선을 돌리는 것이 T씨에게 필요하다고 생각해요."

그렇게 T의 정신분석은 끝이 났다. 하지만 그는 내가 건넨 말을 받아들일 수 없었다. 해볼 수 있는 데까지는 더 도전해보고 싶다며 최면치료를 시도해볼 참이라 말했다. 정신분석으로는 한계에 부딪혔으니 최면이라는 새로운 방식으로 무의식 더 깊이 들어가보겠다고.

이제는 얼굴도 정확히 기억나지 않는 그가 최면에서 어떤 답을 얻어냈을지 궁금하기도 하다. 최면을 통해 어떤 기억을 찾았든, 지금은 그 과거에 매이지 않았으면 좋겠다. 과거를 들여다보는 일은 더 나은 사람이 되기 위해 너무도 중요한 과정이지만, 그래도 우리가 살아가고 있는 것은 지금이니까. 바꿀 수 있는 것은 오로지 현재에 있다. 자신에 대한 이해가 완벽하지 않더라도 아직 남아 있는 그 애매모호함은 그대로 받아들이고 견디며, 지금을 살아가고 있기를 바란다.

혼자일 때도 잘 지낼 수 있는 사람의 사랑

아주 가끔씩은 진료 후에도 안부를 듣게 되는 분들이 있다. 병원 근처를 지나가다 생각이 나서 들렀다며 다른 분들 진료 사이에 짧게 인사를 주고 가시는 분도 있고, 병원으로 편지나 이메일을 보내주시는 분들도 있다. 위에 소개한 K 역시 그중 한 명인데, 어느 날 그에게서 메일이 왔다.

"성인이 된 이후 처음으로 길게 혼자인 시간을 보내고 있어요. 처음에는 그래도 누군가를 만나야 할 것 같은 마음에 불편했어요. 혼자인 게 무언가 계속 불안했거든요. 하지만 과거의 패턴을 끊어보자는 마음으로 꾹 참아내며 그 시간을 견뎠고, 언젠가부터는 신기하게도 마음이 너무 편해졌어요. 친구들과도 많은 시간을 보내고 있고, 관계가 더 깊어졌어요. 예전에는 나만 한 발짝 떨어져 있다는 생각에 혼자서 서운해하기도 했는데, 생각해보니 제가 충분히 같이 시간을 보내지도 않아놓고서 욕심 부린 것이었다는 걸 깨달았어요.

그사이 썸 탈 것 같은 사람이 몇몇 있었는데, 일부러 서두르지 않았어요. 예전에는 혼자면 안 될 것 같은 불안감으로 급하게 시작하는 바람에 항상 실패했던 것 같더라고요. 어떤 사람인지, 나와 잘 맞지 않는 부분은 없는지 잘 살펴보지도 않고 그저 좋아 보이는 부분만 제 눈에 들어왔던 것 같아요. 이제는 조금 더 여유로운 마음으로 저에게 잘 맞는 누군가를 찾고, 기다리고 있어요.

저의 이런 변화가 신기하지만, 더 놀라웠던 건 마지막 진료 끝날 때 들었던 말이에요. 이런 제 특성이 연애뿐 아니라 다른 대인관계에서는 어떤 영향이 있었을지도 돌아보라고 하셨잖아요? 생각해보니 저는 친구들 사이에서도, 회사에서도 제가 사랑받아야 한다는 것을 당연하게 여기고 있더라고요. 그렇지 못할 때 괜히 실망했고, 저보다 더 주목받는 사람을 질투하기도 했죠. 못난 모습이 이제야 보이니 참 부끄럽더라고요. 이제는 저 말고 다른 사람에게 관심과 애정이 가도 덤덤하게 받아들이려고 노력 중이에요. 아직은 힘들지만 이것도 언젠가는 더 잘 되는 날이 오겠죠?"

그 후 더 이상의 연락은 주고받지 않았지만, 나는 K가 지금은 행복한 연애를 하고 있으리라 생각한다. 아니, 더 정확히 말하자면 연애 중이든 아니든 이전보다 마음 편한 시간을 보내고 있을 것이라고 믿는다. 혼자일 때도 잘 지낼 수 있는 사람이어야 더 건강한 연애를 할 수 있는 법인데, 그러한 변화가 이미 생겼으니까. 이미 일어난 과거는 어쩔 수 없지만, 과거로부터 만들어진 모습을 내 의지대로 바꾸어나가는 것이 가능함을 보여준 산 증인이니까.

다른 사람이 눈에 들어올 수는 있지만
—— 가엾은 '자아'에서 건강한 '자기'까지

　　꾸준히 칼럼 글을 기고하고 팟캐스트나 유튜브 같은 진료 외부 활동을 지속하다 보니 방송 출연 제안이 계속 들어온다. 몇몇 프로그램에 나간 적도 있었지만, 작년부터는 대부분 출연을 고사하면서 지내왔다. 여러 이유가 있지만 무엇보다도 당장 써야 하는 밀린 글들이 너무 많았기 때문이다. 그런데 최근 한 신규 프로그램의 패널 제안에 고민 끝에 출연을 결정했다. 무엇보다도 연애와 사랑을 다루는 프로그램이었기 때문이다. 안 그래도 요즘 이 주제로 글을 쓰며 고민을 이어가고 있었는데, 나 자신을 조금 더 깊은 고민의 수렁으로 밀어 넣고 싶었다. 무언가 조금 더 깨달음을 얻을 계기가 될 수도 있지 않을까, 하는 욕심이 있었다. 또한 내가 생각하는 관계에서의 핵심 심리들이 진료실 밖에서 만나는 부부들의 마음속에서는 어떨지 보고 싶기도 했다. 그렇게 〈우리는 잉꼬 부부가 아닙니다〉 프로그램에 참여하게 되었다.

촬영장에서 보니 진료실 안이나 밖이나 사람들의 심리는 비슷하다는 걸 새삼 깨닫게 되었다. 아무래도 세간의 화제가 될 만한 사연이 있는 커플들을 섭외한 것이라 내가 봐도 인상적인 심리들이 많기도 했다. 현장에서 나도 모르게 내뱉은 이 말이 방송에 나왔는지는 모르겠다. "정말 정신분석학 교과서를 보는 것 같아요!" 부정, 회피, 억압, 격리, 전치, 투사, 투사적 동일시, 반복 강박 등 여기서 소개한 여러 심리들이 날뛰는 현장이었다.

우리는 매 순간 내적 갈등을 겪는다. 지금 이 순간에도 유일하게 진료가 없는 이 날 침대에 더 누울 것인지, 글을 더 쓸지 고민하는 내 마음처럼. 매우 하찮은 내 고민과 달리 극심한 스트레스 상황 속에서는 더 심한 내적 갈등이 자라나고, 그것을 해결하기 위해서는 다양한 방어기제들이 필요하다. 그게 미성숙한 방어기제인지는 중요치 않다. 남들의 눈에 어떻게 보일지도 상관 없다. 당장 내가 살고 봐야 하니까.

힘들 때 그 사람의 진면목이 드러난다는 말은 그래서 맞지만, 절반만 맞다. 방어기제의 종류를 통해 그의 됨됨이를 알 수 있기도 하지만, 극심한 스트레스 속에서는 누구라도 미성숙한 모습을 보이기 때문이다. 그 미성숙함이 그의 전부는 아니다. 나라면 저렇게 행동하지 않을 것이라 단언하는 태도 또한 조심해야 한다. 사람은 누구나 다 별로인 면이 있고, 힘든 상황 속에서는 더 별로인 모습이 나오기도 한다. 이 프로그램에서는 보통의 사람들보다 더 심각한 상황의 여러 커플을 만날 수 있었고, 그 이유는 그들이 다른 이들보다 더 심한 스트레스 속에서 오랜 기간 적절한 개입이나 치료 없이 지내왔기 때문이다.

계속해서 마찰을 빚어내는 여러 마음들 중에서도 특히 상대 배우자의 외도를 의심하는 심리가 가장 많이 등장했다. 그런데 그중에는 누가 보기에도 부적절한 행동 때문인 경우도 있지만, 정말 아무것도 없는데도 의심하고 통제하는 경우들도 있었다. 같이 출연한 이혼 전문 변호사가 옆에서 물었다. "배우자 불륜을 의심해서 오시는 분들 중에 막상 자신이 불륜하는 경우가 정말 많더라고요. 대체 왜 그런 거예요?"

당연히 항상 그런 것은 아니지만 실제 그런 경우들이 꽤 있다. 그들의 마음속에서 일어나는 과정을 프로이트식으로 해석하자면 다음과 같다.

욕동 다른 사람이 매력적으로 느껴져. 만나고 싶어.

초자아 너 진짜 나쁜 놈이구나. 널 믿고 있을 배우자에게 미안하지도 않아?

자아가 이런 반응을 보인 것은 죄책감과 그로 인한 내적 긴장 속에 다음의 미성숙한 방어기제를 사용했기 때문이다.

부정 내 충동 자체를 인식하지 않는다. "나는 절대 그런 사람이 아니야."

투사 내 욕동을 상대방의 문제로 돌린다. "나는 불륜 생각 자체를 안 해. 네가 그런 생각 하잖아."

전치 자신의 욕동으로 인한 죄책감이나 불안을 갖고 있기 어려워 그 감정들을 상대방에게 쏟는다. "너 요즘 수상해. 내 눈을 안 마주치는 걸 보니 분명 숨기는 게 있어."

이런 생각과 감정의 흐름은 철저히 자신도 모르게 일어난다. 프로이트가 주창한 마음이론에 따르면 자아는 대부분 무의식의 영역에 잠겨 있기 때문이다. 거의 모든 방어기제들이 무의식적으로 작동한다. 하지만 일부는 또 의식 세계에 걸쳐 있기 때문에 잘 들여다보면 자신의 마음속 낯선 부분들을 새롭게 만날 때도 있다. 연인을 의심하는 자신에 대해 스스로 고민한 뒤 이렇게 말하는 모습도 종종 본다.

> **자아** 제가 연인을 의심하는 이유를 고민해봤어요. 이런 생각이 떠오르더라고요. 전 진짜 최악이에요. 외모도 예전에 비해 더 안 좋아졌고, 가진 것도 하나 없고요. 세상이 말하는 매력적인 부분은 제게 하나도 없잖아요? 그런데 대체 그 사람은 제가 왜 좋다는 걸까요? 아무리 생각해도 답이 떠오르지 않아요. 그래서 그런 생각이 들었나 봐요. 말은 내가 좋다 하지만 사실은 미안해서 날 버리지는 못하고, 대신 바람피우는 것은 아닐까? 이런 생각을 하는 제가 싫지만 계속 떠올라요.

위의 사례들에서 이들의 자아는 고통받고 있다. 욕동과 초자아 그리고 현실 세계의 욕망과 비난 속에서. 프로이트는 이런 말을 남기기도 했다.

> 가엾은 자아는 가혹한 세 주인을 섬기며 그들의 주장과 요구를 서로 조화시키기 위해서 최선을 다한다. 자아는 종종 곤경에 처하고 종종 자신의 약함을 인정해야 한다. 그 셋은 초자아, 욕동, 외부세계다.
>
> _지그문트 프로이트, 《자아와 이드 Das Ich und das Es》, 1923

프로이트의 표현처럼 가여울 정도로 약해진 자아들, 그들이 어떻게든 스스로를 지키기 위해 부정, 전치 그리고 투사 등의 미성숙한 방어기제들을 사용하는 것이다.

착한 사람, 혹은 자아의 힘이 너무 약한 사람

정신과 의사들이 계속 이런 이야기를 하니, 정신과에는 미성숙한 방어기제들을 사용하는 특별히 나쁜 사람들이 온다고 생각하는 이들도 꽤나 있을 테다. 가끔 뻔뻔하고 비양심적인 자들을 고발하는 기사나 커뮤니티 글을 보면 꼭 이런 댓글들이 붙어 있다.

'다른 사람 피해주지 말고 정신과 가서 치료 받아라.'

치료가 필요하다는 지적은 정확할지 모르나, 막상 타인에게 피해를 끼친 사람들은 정신과에 잘 오지 않는다. 진료실에서는 정반대 쪽의 이야기를 많이 듣는다.

"저는 정말 나쁜 사람인 것 같아요. 이런 제가 결혼을 해도 될까요? 지금도 스스로 용서하기 어렵지만, 나중에 이게 더 나쁘게 이어진다면… 도저히 견딜 수 없을 것 같아요. 저 같은 사람 만나서 인생 망하게 만들 수는 없잖아요."

눈물을 펑펑 흘리며 말하는 N의 모습에 나도 가슴이 철렁했다. 결혼이 몇 달 앞이라 들었는데 혹시 그사이 외도를 한 걸까? N의 자책은 이어졌다.

"다른 사람을 실제로 만나서 바람피운 적은 없어요. 그런데 생각하기 싫은데도 다른 사람을 만나보고 싶다는 생각이 떠오르는 거예요. 괜히 다른 이성들이 예전보다 더 매력적으로 느껴지기도 하고요. 정신 줄 놓으면 큰일 나겠다 싶어 저 혼자서 뺨을 때리기도 했어요. 정신 차리라고. 널 믿어주는 사람을 두고 왜 허튼 생각을 하냐고."

물론 N의 머릿속에 떠오른 생각들이 권장할 만한 내용은 절대 아니기에 어느 정도 자책이 필요하다. 그런데 스스로 뺨을 때리기까지 하는 N의 반응은 분명 지나칠 정도다. 그리고 사람들마다 정도의 차이는 있지만 이런 모습이 진료실에서 만나는 이들의 가장 흔한 공통점이다. 심한 자책과 자기 비난.

"다른 사람 잘못까지 다 떠안지 마세요. 조금 더 자신을 사랑했으면 좋겠어요. 너무 속상해요. 어긴 착한 분들만 오시는 거 같아서."

"그래서 선생님도 여기 계신가 봐요. 이곳에는 착한 사람들만 온다면서요."

드라마 〈정신병동에도 아침이 와요〉 속 한 장면이다. 자신이 맡았던 환자의 자살로 우울증에 걸려 입원하게 된 정다

은 간호사(박보영 배우)와 상사의 괴롭힘이 문제의 원인이던 김
성식 환자(조달환 배우)의 대화다. 둘 다 자신의 잘못이 아니건
만 지나친 죄책감에 시달리다 심한 우울증에 빠지게 됐다.

드라마 속 이야기만이 아니다. 내 작은 의원에서 만나는
현실의 사람들도 대부분 착하다. 여기서 착함은 나보다 남을
위한다는 의미로, 이들은 자기 자신에게는 정반대로 지나치
게 엄격하고 가혹한 태도로 대한다. 프로이트식 표현으로는
자아와 초자아 사이 힘의 균형이 깨져 있는 이들이다. 앞서
설명한 부정, 투사와 전치의 방어기제 같은 경우 미성숙하더
라도 어쨌든 스트레스로부터 자신을 지키는 자아의 기술이
다. 많이 쓰면 좋지 않지만 그래도 간간히 필요할 때가 있다.
그런데 초자아의 힘이 지나치게 강하거나, 자아의 힘이 너무
약한 이들은 스스로를 지키지 못하고 초자아의 비난을 정면
으로 받는다. 드라마 속 김성식 환자도, 정다은 간호사도, 내
가 진료실에서 만난 N의 마음도 그러했다.

욕동 다른 사람도 만나고 싶어.

초자아 너 진짜 정말 나쁜 놈이구나. 너 같은 건 누구도 만날
자격이 없어. 벌을 받아야 돼.

자아 그러게… 난 정말 나쁜 사람이야. 나 자신이 너무 밉고
싶다. 일단 뺨이라도 맞아야 할 것 같아.

'괜찮아, 그럴 수 있지'라며 평소 타인에게 보내는 위로와 공감의 일부라도 자신에게 허락하면 좋을 텐데 그러지 못한다. 초자아와 자아가 합심하여 '나쁜 자신'을 비난하고 공격한다. N은 정말 나쁜 사람일까? 나는 N이 좋은 사람이라고 생각한다. '어떻게 정신과 의사가 저런 나쁜 생각을 한 사람을 편들어줄 수 있어?'라는 생각에 실망스러울 수도 있겠다. 하지만 N은 잘못하지 않았다. 결혼이 다가오며 그의 마음속 욕동은 마지막 일탈이란 미숙한 욕망을 품었다. 그건 어쩔 수 없다. 그게 욕동의 역할이니까.

모든 감정은 정당하다. 모든 생각이 들 수 있다. 감정과 생각은 내가 원하는 대로 통제할 수 있는 것이 아니다. 인간은 비교의 동물이다. 외모, 키, 재산, 성적, 옷, 직업, 자동차와 거주지 등 모든 것을 비교한다. 비교의 저울 위에 스스로 올라가는 판에 부모, 자녀, 배우자, 연인까지 그 누구도 예외가 될 수 없다. 평소 이런 생각이 없던 사람도 스트레스 상황에서는 이런 마음이 찾아올 수 있다. 결혼은 축복받을 일이지만 동시에 스트레스 상황이기도 하다. 실제로 미국의 정신과 의사 토머스 홈즈Thomas Holmes와 리처드 라헤Richard Rahe가 5,000명 이상을 대상으로 그들의 병력과 삶의 사건을 조사하여 스트레스 순위를 매긴 연구가 있었다. 43개의 주요 생활 사건 중 결혼은 일곱 번째로 높은 스트레스 상황으로, 8위는 해고 또는 실직이었고, 가까운 친구의 죽음이 16위였다.

그러니 N의 반응은 당연하다. 자기 마음의 그림자를 있는 그대로 알아채고 자신의 일부로 받아들이는, 하지만 휩쓸려가지는 않는 이가 진정 성숙한 사람이다. 성숙한 사람도 간혹 미성숙한 방어기제를 사용하는 것이 우리의 삶이다. 완벽한 사람은 없다. 인간이라면 누구나 지닌 그 불완전함, 욕동, 그림자를 인정하지 않고 자신의 고결함만 내세우는 이들의 위선과 범죄가 드러나는 뉴스를 우리는 아주 자주 만난다.

나의 어두운 면도 자아 성장을 위한 재료다

주인공의 머릿속 작은 천사와 악마가 상반된 자기 주장을 펼치며 싸우는 만화 장면 같은 것을 모두가 본 적 있을 테다. 내 안에 다양한 목소리들이 공존한다는 것을 직관적으로 잘 묘사한 것 같아 보이는데, 한편으로 이 장면은 목소리들을 선과 악의 싸움처럼 받아들이게 만드는 부작용을 낳는다. 욕동과 초자아는 그렇게 단순하게 악과 선으로 나누어 볼 것이 아니다. 사람의 마음은 그렇게 단순하지 않다. 욕동도 반드시 필요할 때가 있고, 초자아가 해악이 될 때도 있다. 그들 모두 나를 구성하는 한 팀이고, 결국은 다 내 것이기에 비판단적non-judgemental으로 그들의 이야기를 들어보고 상황에 맞춘 절충안을 짜야 한다. 그렇게 나온 결과물인 행동이 중요하다. 결국 그 사람의 됨됨이를 결정하는 것은 행동이다.

다시금 말하지만 N의 욕동을 편들어주고 응원하는 것이 절대 아니다. 사랑하는 사람과의 관계를 지키기 위해 그의 욕동은 그저 목소리로 끝나야 했고, 그렇게 이성적 판단을 내리고 행동한 N은 충분히 좋은 사람이다. 이번의 N과 같이 좋은 행동을 했을 땐 칭찬을 건네야 한다. 애당초 왜 그런 욕망과 생각 자체를 떠올렸냐며 비난해서 얻을 것은 없다. 그런 비난은 그의 죄책감과 내적 갈등을 심화시켜 자아를 더 약하게 만들고, 결국 다른 문제로 이어질 가능성을 높일 뿐이다.

초자아, 욕동, 외부세계라는 세 가혹한 주인을 섬기는 자아. 가엾고 불쌍한 자아. 시대를 앞서간 프로이트의 통찰에 다시금 놀랍고 존경스러운 마음이 들지만, 자아를 너무 약한 존재로 바라본 것은 아닌가 싶기도 하다. 실제로 후대의 다양한 정신분석학파들은 자아를 지나치게 수동적인 관리자, 중재자로만 바라본 프로이트의 시각과 달리 자아의 힘을 강조했다.

프로이트의 딸인 안나 프로이트는 자아의 방어기제를 더 깊고 상세히 분석했고, 그 결과 자아가 단순히 압도당하는 것을 넘어 적극적으로 자신을 보호하고 조직하는 능력이 있다고 보았다. 프로이트 모델을 발전시킨 자아심리학에서는 자아의 능동적 기능을 강조하며, 자아에는 환경에 적응하고 주체적으로 대응하는 기능이 있다고 본다. 카를 융은 자아만으로는 인간의 깊이와 통합성을 설명할 수 없다며, 이를 넘어서는 '자기self'의 개념을 새로 제시하기도 했다. 그는 단순히 자아를 강화하는 것이 아닌, 자아가 무의식 세계를 통합해 자기에 이르는 여정이 바로 심리적 발달 과정이라고 보았다. 프로이트가 욕동을 '억제하고 조절해야 할 원초적 본능'이라고 본 것과 달리, 융은 그림자*를 '인정하고 통합해야 할 나의 또 다른 면, 자아의 성장을 위한 재료'라고 보았다.

결혼하고 가정을 이룬 후 몇 달이 지난 어느 날 N이 진료실에서 대뜸 이런 말을 했다.

"이번 주에 문득 생각이 났는데, 스스로 뺨 때린 게 정말 먼 과거처럼 느껴지더라고요. 과거에는 마음속 그 혹독한 목소리가 마냥 저를 비난하고 괴롭히는 존재라고만 생각했는데, 다르게 생각해보니까 개는 그 정도로 간절하게 저를 멈춰 세

• 융이 말한 '그림자'는 사회적으로 용납되지 않아 억압된 충동이라는 점에서는 프로이트의 욕동과 유사하나, 단순한 악惡을 넘어 통합되어야 할 생명력과 가능성을 내포한다는 점에서 구별된다.

우려고 노력한 것이었겠구나… 그런 생각이 들더라고요. 그 이후로는 절 비난하는 목소리가 들려도 그렇게 힘들지 않아요. 그냥 그럴 수 있지, 라고 가볍게 넘기게 됐네요."

N의 자아는 예전과 다르게 유연하면서도 단단했다. 초자아라는 주인을 섬기고 있지도 않았다. 마음속 여러 목소리들과 싸우지 않고 자신을 위해 각각의 방식으로 노력하고 있는 팀원들로 받아들이며 더 성장하게 되었다. 이럴 때는 자연스럽게 어떤 예감이 든다. 이제 진료실에서 만날 날이 얼마 남지 않았구나, 하는 예감.

그렇게 N의 진료가 종결된 지 벌써 몇 해가 지났다. 오랫동안 만나지 못했지만, 나는 여전히 그를 자주 떠올린다. 초자아와 욕동 그리고 외부세계의 등쌀에 무너진, 나약한 자아를 지닌 이들을 매일 만나기에. 모든 순간 온전히 연인만 바라보지 못하는 자신이 너무 싫다며 눈물 흘리는 모습도 여전히 마주하곤 한다. 오늘도 만난 그 가엾은 자아에게 이렇게 말을 꺼냈다.

"괜찮습니다. 당신은 정말로 나쁜 사람이 아니에요. 예전에 똑같은 말을 하던 분이 있었어요…"

사랑은 결국 일심동체일 수 없다

—— 모른 척하며 관계를 유지하는 무의식의 방어기제

"아니 대체 이해가 안 가요. 어떻게 그럴 수 있어요?"

자리에 앉자마자 E는 연인의 행동을 비난하기 시작했다. 물론 그의 말을 들어보면 E의 연인은 도저히 이해 가지 않을 행동을 하긴 했다. 듣는 나 역시 이해 불능이다. 그는 대체 왜 그런 거지? 어떻게 그럴 수 있지?

그런데 정신과 의사 경력이 쌓이며 한 가지 확실히 깨달은 것이 있다. 이런 상황에서 상대방의 입장을 들어보면 바로 또 이해 가는 경우가 많다는 것이다. '아 그런 뜻이었구나. 듣고 보니 이런 마음에서는 그럴 만했구나.'

나는 연인 사이 마찰을 교통사고에 비유해 설명할 때가 많다. 나쁜 의도나 중대 과실이 동반된 사고도 있지만, 사실 그렇지 않은 경우들이 훨씬 더 많다. 사고가 나면 당사자들 모두 진심으로 억울해하지만, 자신의 과실이 전혀 없거나, 백 퍼센트로 나오는 경우는 거의 없다. 제3자의 판정에 따르면 대부분 양측의 과실 요인이 있다. 둘 다 잘못하지 않았어도 사고는 일어날 수 있듯, 대인관계 역시 그렇다. 자신의 입장에서는 도저히 이해할 수 없어 상대의 잘못을 주장하지만, 실은 그렇지 않은 경우가 우리 삶에 허다하다. 나 역시 그렇다. 가장 가까운 사람을 이해하기 힘들었던 한 순간이 머릿속에 스쳐간다.

불편한 감정으로부터
내 무의식의 흐름을 좇아보다

나는 12년이 넘는 결혼생활 동안에 크게 싸운 적이 없다.(사실 바로 어제도 다툴 뻔했지만 무사히 넘어갈 수 있었다.) 이는 나보다 훨씬 착한 아내 덕분인데, 몇 년 전 그런 아내를 향해 내 마음이 불편했던 기간이 있었다. 무슨 특별한 사건이 있던 것도 아닌데 아내에게 까칠하게 대하고 있는 자신을 발견했다. 그래도 정신과 의사 짬밥이 얼마인가. 다행히 내 안에 있는 정체 모르는 감정에 더 이상 휩쓸려 가기보다는 일단 멈춰 세우며 스스로에게 질문을 던질 수 있었다.

'대체 뭐 때문이지? 화가 난 건가? 뭐 때문에?'

그렇게 질문을 던지고 가장 먼저 떠오른 답은 당혹스럽기도 했다. 나는 아내가 아침밥을 차려주지 않는다는 이유로 불편해하고 있었다. 잘 믿기지 않았다. 아니, 이런 이유로? 너무 어이가 없어서 실소가 나왔다. 사실 차려주면 잘 먹지도 않으면서 대체 이건 무슨 마음이야?

원래 사람 마음이 그렇다. 선뜻 이해가 안 갈 때가 많은데, 그럴 때 비난하기보다 질문을 이어가야 한다. 진료실에서 매일 하는 작업을 자신에게 적용해보았다. 진료실에서 만난 수많은 이들처럼, 나 역시 자연스럽게 과거에서 답이 떠올랐다. 항상 아침밥을 차려주시던 어머니. 그냥 안 먹고 몇 분이라도 더 자겠다는 내게 그래도 아침은 꼭 먹어야 한다고 강조하시던 그 모습. 일어났을 때 이미 아침이 차려져 있는 그 상황을, 한참 일찍 일어나서 차리셨을 어머니의 노고를 나는 너무도 당연하게 여기며 자랐다. 어리석은 놈. 그래, 어렸다고 치자. 그런데 어른이 되어서도 여전히 어리석은 마음이 내게 있었다.

어머니께서 아침밥을 차려주셨던 것은 매우 감사한 일이지 당연한 것이 아니다. 나한테 호텔 조식 식사권이 있는 것도 아니고. 그런데 이제는 아내에게 당연하다는 듯이 조식 서비스를 바라고 있다니. 게다가 전업주부로 집안을 돌보셨던 어머니와 맞벌이로 일하는 아내의 상황은 완전히 다른데. 그러면 네가 아침 차리면 될 거 아냐? 못난 놈. 스스로 질타하는 마음에 불편했다. 이렇게 자신의 미성숙함을 발견했다면 불편해도 자책 좀 해야 한다. 그래야 정신을 차릴 테니. 하지만 결국에는 자책과 별개의 과정인 성찰이 더 중요하다. 비난은 잠시 멈추고 비판단적으로 스스로의 마음을 바라본다. 그래, 답을 하나 찾았어. 그런데 그게 다는 아닐 거 아냐? 왜 결혼하고 한참 지난 지금 이런 마음이 든 건데? 그렇게 추가로 들여다본 내 속에는 미처 몰랐던 많은 생각과 감정들이 또 들어 있었다.

이번에는 부모님이 아닌 아이들이 떠올랐다. 나는 아이들 밥을 엄청 열심히 먹인다. 간혹 같이 식사하는 다른 집 부모들이 신기해할 정도로. 그저 당연하게만 여겨왔는데, 내가 아이들 밥을 먹일 때 입버릇처럼 하는 말에 단서가 숨어 있었다. "잘 먹어야 크지!"

내 키는 평범한 정도다. 우리나라 남성 평균보다 일 센티미터 정도는 크기에 만족하면서도, 동시에 매우 아쉬워하는 몇몇 이유들이 있다. 일단 첫째로, 친형보다 십 센티미터 작다는 것. 어릴 때는 그저 클 줄 알았다. 지금은 작아도 몇 년 더 지나면 형처럼 쭉쭉 클 것이라는 별 근거 없는 믿음이 내게 있었다. 그런데 우리 형제는 어릴 때부터 먹는 양이 달랐다. 어릴 때 입이 짧았던 나는 어머니가 주시는 밥과 간식, 우유 한 잔을 피해 도망 다녔다. 유전자 어딘가에 들어 있을 잠재력을 스스로 발로 찬 것이다.

둘째로, 내 주위에는 키 큰 사람들이 너무 많다. 학생 때부터 농구를 즐겨 해서 그런지 어울리던 친구들 대다수가 나보다 컸고, 평생의 취미가 되며 그 차이는 더 커졌다. 오랜 기간 나름 열정적으로 해왔지만 그렇다고 농구를 썩 잘하지도 못한다. 수없이 질 때마다 '조금만 더 컸다면…'이라는 핑계 섞인 헛된 생각을 지난 20년간 나도 모르게 해왔다. 그렇다고 과거를 바꿀 수도 없으니 나도 모르게 이런 감정을 아이들에게 투사하게 되었나 보다. 하필 아들 둘이라는 과거가 반복되는 상황 속에, 하필 나처럼 입이 짧은 둘째를 따라다니며 먹이는 것이 내 취미 활동처럼 되었다.

그런데 이렇게 열심인 나와 달리 아내는 늘 느긋하다. "그냥 많이 자면 알아서 커!"라며. 생각해보면 아내 입장에서는 그럴 수밖에. 일단 키가 크다. 나와 다른 입장에서 다른 경험을 하며 살아왔다. 그런데 내가 겪은 경험만을 바탕으로 내 생각과 감정을 당연하게 여기며, 상대방의 의도 없고 중립적인 행동을 나쁘게 해석할 때 화가 나고 마찰로 이어지게 된다. 그 불편감을 유발한 원인은 결국 내 마음속에 있는데 말이다.

이런 무의식 속 흐름을 알아채고 난 뒤로는 불편감이 사라졌다. 여전히 아이들 밥은 열심히 챙기지만, 그저 즐겁게 한다. 이 자가 분석은 내게도 꽤 흥미로웠던 경험이었고, 몇몇 질문들로 이어지게 되었다. 과연 우리는 상대방의 마음을 얼마나 제대로 이해하며 사는 걸까? 상대방을 나의 일심동체라고만 생각했지, 상대방의 진정한 모습에 대해서는 생각조차 못하는 경우들이 엄청 많을 텐데. 앞서 소개했던 드라마 〈멜로무비〉에서 7년의 연애 기간이 무색할 정도로 주아의 마음을 모르고 착각했던 시준처럼, 내게도 그런 면이 있었다.

나는 다르다고, 우리는 서로의 마음을 잘 알고 있다고 생각하는 이들도 많을 테다. 그 또한 당연하다. 사람에게는 공감 능력이 있으니, 일부러 의도하지 않아도 상대방 입장에서 상상하며 그의 마음을 그려내는 것이 가능하니까. 그런데 그 공감은 과연 얼마나 정확할까? 온전히 믿어도 될까?

정확히 공감하는 것, 과연 좋은 일일까

우리가 타인의 마음을 얼마나 정확히 읽어내고 있는지 '공감 정확도'를 파헤쳐본 심리학자들이 있다. 텍사스대학교의 심리학 교수 윌리엄 이크스William Ickes가 대표적인데, 그의 연구에 따르면 공감 정확도는 초면 사이인 경우 20퍼센트 정도에 불과하며 친한 친구 사이에서도 30퍼센트 정도밖에 되지 않는다고 한다. 긴 시간을 함께하면 정확도가 올라가는 것이 분명하지만, 동시에 그 한계가 너무도 명확했다. 현실적 상한은 60퍼센트 정도로, 100퍼센트 이해하는 관계 같은 건 존재하지 않았고 불가능했다. 그렇다면 가장 많은 시간을 함께 보내는 가장 가까운 사이인 연인들은 어떨까? 친밀한 커플이나 결혼한 부부의 경우에도 친한 친구 사이와 비슷하거나 그보다 약간 더 높은 공감 정확도를 보였다.

평균 결혼 기간이 5.79년인 부부 95쌍을 대상으로 한 연구에서도 아내와 남편 모두 40점 만점에 26점의 공감 정확도 점수를 기록했다. 남성 평균 26.01점, 여성 평균 26.03점으로 성별에 따른 차이는 거의 없었다. 상대방의 마음을 반절 조금 넘는 정도만 맞추는 것이 우리의 한계라니! 대체 왜 이런 걸까? 우리는 끝없이 자가 분석을 하고 대화를 나누며 그 한계를 넘어서길 바라야 하는 걸까?

이크스의 논문들 제목에 답이 숨어 있다.

정확성이 해로운 경우와 도움이 되는 경우: 부부 상호작용에서 공감 정확성 모델 테스트When Accuracy Hurts and When It Helps: A Test of the Empathic Accuracy Model in Marital Interactions

머리가 마음을 보호할 때: 데이트 관계에서의 공감 정확성
When the Head Protects the Heart: Empathic Accuracy in Dating
Relationships

정확성이 해로운 경우? 머리가 마음을 보호할 때? 이 연구들의 핵심 메시지는 공감 정확도는 마냥 높다고 좋은 것이 아닌, 양날의 검이라는 점이다. 참여자들에게서는 '동기화된 부정확성motivated inaccuracy'라는 특성이 발견되었는데, 이는 무의식적으로 상대방의 마음을 잘못 읽거나 일부러 안 읽으려는 성향을 말한다. 이는 불편한 상황에서 더 잘 드러나는데, 예를 들어 매력적인 이성에 대해 대화하거나 서로의 헌신도나 갈등에 대해 말할 때 상대방의 속마음을 정확히 알아채려 하지 않거나 애써 자신을 속이려는 경향이 나타났다. 이럴 때 마음을 파헤치는 것은 관계를 더 힘들게 만들 수 있기에 모른 척하거나 잘못 추론하는 것이 일종의 무의식적 방어기제이며, 이를 통해 관계를 유지한다는 것이다.

10여 년 전 정신과 동기의 결혼식에서 들은 주임교수님의 주례사 내용이 아직도 뚜렷하게 기억난다. 결혼식은 어떤 자리인가. 인생에 단 하나뿐인 운명을 만났기에 이제부터 서로 일심동체가 된다는 것을 세상에 선포하는 날이다. 그날 교수님의 주례사는 이렇게 시작되었다.

"부부는 일심동체라는 말이 제일 문제입니다."

그렇다. 이크스의 연구는 부부가 절대 일심동체가 될 수 없다는 불편한 진실을 보여준다. 일심동체가 되려고 노력해서도 안 된다는 사실도 알려준다. 우리는 모르는 것이 있어도 잘 지낼 수 있다. 앞서 설명했던 애착 이론에 따르면 안정 애착 관계에서는 모든 걸 알지 않아도 신뢰가 유지된다. 프로이트의 말처럼 건강한 사람에게는 애매모호함을 견디는 능력이 있다. 카를 융의 말처럼 모두의 마음속에는 겉으로 드러낼 수 없는 그림자가 있고, 그걸 인정하고 받아들이는 사람이 성숙한 것이다. 에리히 프롬은 사랑에 이르기 위해서는 상대방에 대한 환상이나 왜곡된 이미지를 극복하고 최소한의 객관적 이해를 하려는 노력이 필요하다고 말했다. '최대한'이 아닌 '최소한'이라고 말한 그의 현명함을 이 순간 깨닫는다. 자신과 타인의 마음을 읽기 위해 노력해야겠지만, 동시에 어느 정도는 모르고 사는 게 더 낫다는 것이 대인관계의 묘미다.

있는 그대로 상대를 보려면 무엇이 필요할까

대인관계는 참 어렵다. 진료실에서 대인관계 때문에 힘들어하는 사람들의 이야기를 끝없이 듣는다. '우리 삶의 모든 문제는 대인관계의 문제'라고 말한 알프레드 아들러의 말이 옳았다. 진학 실패, 취업 실패, 사업 실패 등 어떤 주제로 이야기가 시작되더라도 결국 문제의 핵심은 항상 대인관계다. 많은 분들의 고민에 적절한 방향으로 가이드해야 하기 때문에 대인관계에 관한 책을 다수 읽기도 했는데, 막상 전혀 예상하지 못했던 책에서 큰 도움을 받았다. 그에 대해 진료실에서 꽤나 자주 말하기도 하고, 더 많은 이들과 공유하고 싶은 마음에 전작 《어쩌다 정신과 의사》에서도 언급했던 이야기가 있다. 다름 아닌 생텍쥐페리의 《어린 왕자》다.

이 이야기에는 한 커플이 등장한다. 어린 왕자의 여행기에 난데없는 커플 이야기인가 싶을 수 있겠지만, 주인공 어린 왕자와 그의 작은 별에 존재하는 유일한 생명체인 장미 한 송이는 마치 연인 같은 관계다. 어린 왕자는 이 장미를 사랑하고 아끼지만, 동시에 장미의 불평 많고 허영심 가득한 모습에 지쳐간다. 그리고 자신의 별을 떠나 도착한 지구에서 장미꽃들이 만발한 정원을 보게 되고, 큰 충격에 빠져 운다. "세상에 단 하나뿐인 장미를 가져서 세상을 다 가진 것 같았는데, 그냥 평범한 장미였구나."

그때 어린 왕자는 여우를 만난다. 직업병에 걸린 나의 눈에는 이 여우 역시 의미심장하게 보인다. 앞서 어린 왕자와 장미꽃을 연인에 비춰 보았다면, 여우는 그 관계에서 상처받은 마음을 치유하는 상담사라고 할 수 있다. 그는 아직은 '어린', 그래서 조금은 더 여리게 상처받는 왕자에게 대인관계의 진리를 알려준다.

"우리는 자기가 길들인 것만 진정으로 알 수 있어. (…) 친구를 만들고 싶다면 날 길들여줘."

"길들이려면 어떻게 해야 하는데?"

"인내심이 필요해."

실제 상담의 틀도 이와 다르지 않다. 연인과 타인에게 상처받은 이들이 상담사와 정신과 의사를 만난다. 이전의 관계처럼 극적이거나 빠르게 진행되는 것이 아니라, 천천히 시간을 들여 쌓는 안정적 관계를 경험하게 되고, 새로운 경험은 대인관계에 대한 새로운 시각으로 이어진다.

이 책에는 수많은 명언이 등장하지만 내게 그중 하나를 꼽으라면 여우 상담사의 이 말을 고르겠다.

"내 장미가 중요한 존재가 된 건, 네가 장미에게 들인 시간 때문이야."

모든 대인관계에, 그중에서도 연인관계에 가장 필요한 조언이리라. 처음부터 완벽한 상대방은 없다. 나를 위해 준비된 운명의 반쪽은 그저 환상이다. 그 환상을 극복하고 서로를 있는 그대로 바라보며 서로를 길들여가는 것이 중요하며, 이를 위해 필요한 것은 시간이다. 그 시간 속에 완벽하지는 않아도 세상에 하나뿐인 나만의 연인관계가 만들어진다.

그렇게 여우의 상담을 받은 어린 왕자는 지구를 떠나기 전 장미들에게 인사를 건넨다.

"너희는 내 장미와 전혀 닮지 않았어. 아직 내게 아무것도 아니거든. (…) 물론 지나가는 행인에겐 내 장미와 너희가 똑같아 보이겠지. 그렇지만 나에겐 내 장미 한 송이가 너희 전부보다 훨씬 소중해. 왜냐하면 내가 매일같이 물을 주었거든"

이렇게 다시 한번 〈어린 왕자〉를 소개한다. 지금 당신 옆의 도대체 이해가 안 가는, 일심동체가 아니기에 실망스럽기도 한 그 사람과 보낸 수많은 시간을 잊지 않았으면 좋겠다는 마음에. 그렇기에 그이는 세상의 다른 모든 장미들보다 더 소중하고 특별한 장미라는 것을, 지금의 고민들 역시 서로를 길들여가는 과정이라는 것을 마음에 새기길 바라며.

고통 주는 연인을 편드는 마음

—— 미워하는 감정을 사랑으로 표현하는, 반동형성

사랑은 아름답지만, 그 사랑을 하는 주체들이 불완전하기에 우리는 계속 상처 입는다. 그럼에도 함께한 시간이 소중하니 부족한 면이 있더라도 맞춰 가야 한다고, 앞서 여러 사례들을 통해 길게 이야기를 전했다. 하지만 모두에게, 모든 상황에 적용되지는 않는다. 충분히 좋은 이들끼리의 만남이라는 전제 하에 가능한 말이다. 어떤 경우에는 애써 맞추는 시도 자체기 그 사람의 마음을 더 깊은 수렁으로 빠뜨릴 수 있기에, 가능한 빠르게 끊어내야 한다.

문제는 그 구분이 쉽지 않다는 것이다. 일단 '충분히 좋은'이라는 기준이 정해져 있는 것도 아닌데다, 판단을 내려야 하는 상황 속에서 우리는 자주 실수한다. 나중에 돌이켜보면 뻔히 보이는 상황인데, 그때는 왜 그리 어리석었는지. 그래서 삶이란 끝없는 실수와 실패의 연속이라 하는 걸까. 우리는 그렇게 산다. 내 마음이 어떻게 흘러가는지, 무의식 속 숨겨진 감정과 생각의 흐름을 못 보고 나중에 후회할 결정을 내린다. 나 역시도 그랬고, 내 지인들도 그랬고, 진료실에서 만나는 이들 역시 그렇다.

고통 주는 연인을 편드는 사람들

M은 우연히 알게 된 연인의 비밀에 큰 상처를 받아 처음으로 정신과에 찾아왔다. 한 달 가까이 뜬 눈으로 밤을 지새웠고, 입맛이 하나도 없어 체중이 5킬로그램 이상 줄었다. '겨우 연애에서 상처받은 일로 정신과까지 가는 게 맞아?'라며 버티던 그였지만, 심각하게 무너진 모습을 걱정한 가족들의 계속된 권유로 결국은 오게 되었다. 처음에는 대체 어떤 일이 있었는지 말도 못 꺼내고 한참 눈물만 흘리던 M이 간신히 입을 열었다.

"알고 보니 저를 만나기 전부터 원래 만나던 사람이 있더라고요. 심지어 결혼 이야기가 오가는 사람이었어요. 곧 결혼할 건가 봐요. 하루이틀 만난 것도 아니고 어떻게 2년 넘게 그 사실을 몰랐는지… 제가 어리석었죠."

아마 다들 비슷한 이야기를 어디선가 들어본 적 있으리라. 영화나 드라마에서 외도, 불륜, 양다리 걸치는 사람들 이야기는 쉽게 볼 수 있고, 요즘은 포털사이트 메인에도 이런 기사들이 자꾸 보인다. 아무래도 자극적인 소재가 조회 수가 잘 나오니 그럴 테다. 온라인에 당사자가 한풀이 형식으로 적어놓은 글들도 온갖 인터넷 커뮤니티를 통해 퍼져 나가는데, 그런 게시글 아래에는 늘 '이건 사실일 리가 없고 주작이다'라는 댓글들도 보인다. 어디까지 사실일지는 당사자를 제외하고 누구도 알 수 없겠지만, 나는 대다수가 사실이라 생각한다. '사람이 어떻게 그러겠어'라는 소리가 나올 법한 이야기들을 지난 10여 년간 진료실에서 수없이 들어왔기 때문이다. 양심도, 공감 능력도 없는 사람들, 혹은 없는데 있는 척하는 사람들은 생각보다 흔하다. 그들이 만들어내는 이야기는 흔히 생각하는 것보다 훨씬 더 잔인하기도 하다. 어떻게 그럴 수 있느냐고? 그들은 그럴 수 있다. 아무렇지 않게.

'어떻게 그런 뻔한 속임수에 속았냐'는 말들도 쉽게 한다. 하지만 그건 결과론적인 시각이다. 경찰, 판사, 첩보원, 심리학자, 정신과 의사 등 여러 분야의 전문가들조차 거짓말을 잡아내지 못한 사례 연구도 수두룩하다. 기본적으로 사람은 타인을 신뢰하기에, 우리는 속는다. 속인 사람의 문제이지, 속은 사람의 문제가 아니다.

뒤늦게 진실을 알게 된 피해자들의 반응은 크게 두 부류로 나뉜다. 나는 부디 걱정하는 쪽이 아니길 바라며 M에게 물었다.

"그럼 그 사람과는 지금 어떻게 되셨나요?"

"아직 만나고 있어요. 친구들도 당장 헤어지라 하고, 한 친구는 헤어지지 않으면 자기 볼 생각 말라더니 실제 연락을 끊기도 했어요. 다른 사람들 입장에선 그렇게 말할 수밖에 없는 게 이해가 가지만, 제 마음은 달라요. 그 사람이 날 속이긴 했지만, 어쨌든 사랑했던 건 사실이니까요. 지금도 사랑한다며 우는 모습을 보면 그 사람도 이런 연애를 이어온 게 엄청 힘들었겠다 생각도 들고요."

처음 이 상황을 들었을 때보다 더 큰 안타까움이 밀려왔다. 사실 예전에 이런 심리를 처음 맞닥뜨렸을 때는 당황스럽기도 했었다. 그런데 만난 피해자들의 숫자가 늘어날수록, 놀라울 정도로 똑같이 나타나는 그들의 반응에 이제는 자연스레 미래를 예상하게 되었다. 양다리, 여러 명의 성관계 파트너, 가정이 있는 사람의 불륜, 데이트 폭력 등 누가 봐도 상대방의 잘못이 극명한 상황에서도 가해자의 좋았던 부분만 상기하며 그들의 좋은 면을 강조한다. '좋은 사람인 그들이 그렇게까지 한 건 그럴 만한 이유가 있었을 것이고, 그들도 마음 아팠을 것'이라며 변호한다. 오히려 자신을 탓하는 경우도 많다. '내가 잘 했더라면, 내가 다르게 했더라면. 그랬다면 온전히 날 선택할 수도 있었을텐데…' 그 생각은 이렇게 이어진다. '그러니 지금부터라도 내가 더 잘하면 달라지지 않을까?' 그리고 상대방을 믿으며 기다린다.

이런 반응들은 생각보다 매우 흔한데, 한 연구 결과에 따르면 데이트 폭력의 피해자 중 무려 50퍼센트가 관계를 쉽게 정리하지 못한다고 한다. 인질 피해자가 범인에게 애착을 느끼고 동조하는 스톡홀름증후군의 연애 버전이라 부를 수 있겠다 싶다. 그렇다면 이렇듯 이해하기 힘든 심리가, 막상 그 상황을 겪는 당사자들에게는 이토록 흔하게 나타나는 이유는 대체 무엇일까.

스톡홀름증후군의 연애 버전은 어떻게 가능할까

이제 모두들 짐작하겠지만, 이는 이성적이고 합리적인 사고방식과는 거리가 먼 우리의 무의식 때문이다. 가령 은행 강도들에게 생존이 위협당하는 순간, 그들이 순간적으로 친절한 모습을 보이면 피해자들은 이를 유일한 생명줄로 느끼게 된다. 설령 객관적으로 보았을 때 친절한 모습은 아니더라도 그렇게 믿으려 한다. 살아남기 위해서는 그들에게 더욱 의존해야 할 필요가 있으니. 분노와 증오의 감정도 있지만 그러한 감정은 생존에 도움이 되지 않는다고 판단한 무의식은 대신 가해자의 편에 서기로 결정한다. 그들과 동일시하며 그들의 범죄를 합리화한다. 옳고 그른 것보다 더 중요한 것은 살아남는 것이다. 이는 어떻게든 스스로를 지키기 위한 무의식의 선택이다.

물론 M의 상황은 강도를 만난 것도, 목숨의 위협을 느끼는 상황도 아니다. 벌어진 일은 명백히 다른 상황이지만, 마음이 크게 힘들다는 점에서는 다르지 않다. 큰 스트레스 상황에서 우리의 뇌와 마음이 작동하는 방식은 결국 비슷하다. 얼마 전만 해도 M에게 지난 2년은 행복으로 가득 찬 시간이었다. 그런데 사랑의 기간이라 믿어왔던 내 인생 한 챕터가 실은 거짓과 배신의 시간이었음을 인정하고 재정립하는 것은 너무나 어려운 일이다.

삶의 일부가 부정당하는 것은 자아의 일부가 죽는 것과 같다. 그렇기에 내 자아를 지키기 위해, 살기 위해 내 무의식은 몇 가지 방어기제들을 발동한다. 부정, 억압, 합리화 그리고 반동형성까지. 가해자에 대한 분노의 감정들은 모두 부정하고 무의식 깊은 곳으로 눌러 넣는다. 그들 역시 힘든 사랑을 지속해온 것이라며 이 관계에 의미를 부여한다. 그 사람이 아니면 아무도 나를 받아줄 사람이 없다며 관계를 지속해야 하는 이유들을 만들어내기도 한다. 그리고 '미운 자식 떡 하나 더 준다'는 속담처럼, 가해자를 미워하는 감정이 오히려 더 큰 사랑을 표현하는 방식으로 '반동형성' 된다.

이러한 무의식의 작용들로 어떻게든 버텨내며 '큰 시련을 이겨낸 주인공들에게 행복한 결말이 있었습니다'라는 동화 속 결말을 기대하지만 당연히 현실은 다르다. 아무나 그런 가해자가 될 수 있을까? 타고나길 공감 능력이 부족한 그들은 변하지 않고, 같은 행동을 뻔뻔하게 반복한다. 헛된 희망들이 더 큰 칼날로 돌아와 피해자의 마음을 찌르는 결말을 나는 계속 봐왔다.

M의 마음도 이전에 만난 피해자들과 비슷한 방향으로 흘러갔다. 주변에서 다 아니라고 해도 그 사람을 놓지 못하고, 그의 마음을 더 이해하려 끝까지 애썼다. 아무리 생각해도 이해가 되지 않으니 그 고민은 길게 이어졌다.

"아무리 봐도 이해가 안 가요. 그 사람은 날 정말로 뜨겁게 사랑했는데 말이에요. 친구들도 어떻게 그런 사람이 있느냐고 할 정도로 되게 헌신적이었거든요. 그 사람은 착한 사람이고 마음 정리 중에 있었는데, 결국 내가 잘못한 것 아닐까요? 연애하면서 제가 힘들게 한 것도 많거든요."

"이해가 안 가는 게 당연해요. 내 마음도 이해가 안 가는데, 타인의 마음은 원래 더 이해가 안 가죠. 한번 이 질문부터 시작해보죠. M씨는 그 사람처럼 상대방을 속인 채 양다리로 2년간 지낼 수 있어요?"

"아뇨. 그건 아무리 생각해봐도 안 될 것 같아요. 설령 둘 다에게 끌린다 하더라도 속인 채 만나는 것은 죄책감에 마음이 너무 힘들 것 같아요. 상대방에게 해서는 안 될 짓이잖아요."

"그렇죠. 잠시의 흔들림으로 끝난 것도 아니고, 그 관계를 2년이나 몰래 지속하는 건 아무나 할 수 있는 행동이 아니죠. 타인에 대한 공감 능력이 부족한, 지극히 자기중심적인 사람만 할 수 있는 겁니다. 그 사람의 뇌와 마음 구조는 우리와 아예 다르다고, 다른 소프트웨어를 지닌 것이라고 보면 돼요. 그러니 이해할 수 없죠. 저는 그 사람의 모든 순간이 거짓이었다고 생각하진 않아요. 지금도 사랑한다는 그 말에 진심도 섞여 있겠죠. 하지만 결국 사람의 됨됨이를 평가하는 기준은 행동이에요. 그의 행동을 통해 우리는 그가 자기중심적인 사람이란 것을 알 수 있고, 그의 헌신적인 행동도 결국 자기가 무언가를 얻어갈 게 있어서 했던 거죠."

"그 사람이 과연 무엇을 얻었을까요? 스릴? 배덕감? 쾌감? 이런 것들이 떠오르는데, 이렇게 생각하면 너무 슬퍼요.

그리고 이런 걸 위해서 그렇게까지 할 필요가 있었을까요? 그 냥 가까운 곳에서 원나잇 할 수도 있었을 텐데, 제가 부르면 언제 어디서든 열심히 왔거든요. 그러니 당연히 깊은 사랑이 라고밖에는 생각할 여지가 없었던 거고요."

"저 같아도 그렇게 느꼈을 것 같아요. 그런데 사람의 마 음은 여럿이라고 반복해서 말씀드렸죠? 앞서 M씨가 추측한 마음들이 그에게 아마 조금씩 다 있었을 겁니다. 그런데 거기 에 추가로 '이토록 열정적인 사랑을 하는 스스로에 취한 마 음' 또한 있었겠네요. 자기중심적인 사람들에게서 특히 잘 보 이는 심리죠."

연인을 사랑하는 것 같지만, 사실 사랑에 빠진 자신의 모 습을 사랑하는 사람들은 생각보다 많다. 뜨겁게 만나고 있지 만 실은 자기도 모르게 사랑의 방향이 바깥이 아닌 자신을 향해 있는 사람들. 그렇기에 헌신적으로 보여도 결정적인 부 분에서 이기적이고, 양보하는 것 같아도 더 깊은 곳의 실체는 다르다. 이런 마음이 M의 연인처럼 심각한 유형에서만 나타 나는 것은 아니다. 누구나 약간씩 지닐 수 있는 심리이며, 어 린 시절의 연애에서는 조금씩 더 그런 경향을 보이기도 한다. 나이가 문제라는 것이 아니라, 더 성숙해지기까지는 누구나 시간이 필요한 법이니까.

정도의 차이가 매우 크지만, 이런 심리는 가해자뿐 아니라 피해자의 마음속에도 들어 있다. M 역시 그러했다. 내가 주연인 이 드라마가 실패로 돌아가는 것은 용납할 수 없다는 마음에 누가 봐도 이미 끝나버린 연애를 붙들고 놓지 못한다. 이별 후에도 지나치게 오랜 기간 동안, 지나치게 크게 슬퍼하기도 한다. 당연히 이별 후 슬픔의 크기나 기간에 정답은 없겠지만, 이들의 모습은 마치 비련의 주인공인 자신에게 빠져 있다는 느낌을 주기도 한다. 그들을 낮추어 보거나 비난하는 것이 아니다. 거듭 말하지만 이런 마음들이 누구에게나 약간씩 다 섞여 있다. 어느 정도의 자기애는 당연하고 필수적이니까. 하지만 지나치면 안 된다. 그런 사랑은 결국 상처로 돌아오니까. 내 사랑의 정체와 내 사랑이 향하고 있는 대상을 정확히 알아채는 것이 중요하다. 그저 그 감정에 취해 휩쓸려가는 '경험자아'뿐 아니라, 그런 나를 한 발짝 떨어져 바라보는 '관찰자아'의 힘이 필요하다.

특히 고통받고 있을 때 자신을 맹신하지 말 것

흔히 '사람은 감정의 동물'이라고 한다. 정신과 의사로서 나는 어느 정도 동의하면서도 동시에 이 말을 싫어한다. 감정은 너무도 중요하다. 진료실에서는 항상 감정에 집중한다. 모든 감정이 옳고 모든 감정이 정당하다. 하지만 모든 행동이 옳은 것은 아니기에, 감정에 휩쓸려가지 않는 태도가 필요하다. 쉽지 않지만 해내야 한다. 감정을 마음대로 사라지게 할 수는 없지만, 그 감정에 마음속 공간을 얼마나 내어줄지는 내가 결정할 수 있다. 그 능력이 바로 이성이다. 정신과 의사로서 감정을 정말 중요하게 생각하고 숨겨진 감정을 이끌어내려고 매일 노력하지만, 상담의 종착점에는 이성이 있다고 나는 생각한다.

"내 마음은 내가 가장 잘 알아요."

진료실에서 종종 듣는 이 말에 나는 이렇게 답한다.

"공감하지만 동의할 수는 없어요."

내 마음에 모르는 것이 너무도 많고, 알아채도 마음대로 안 된다는 사실을 우리는 받아들여야 한다. 스트레스 상황에서는 더욱 그렇다. 연애의 경우 힘든 순간이 많기에 판단력이 더 흐려질 수 있다는 사실을 인정해야만 한다. 그렇기에 항상 마음 근육을 단련하고, 때로는 주변의 판단에 의지할 수도 있어야 한다. 그것이 진정 현명하고 용기 있는 사람이며, 실수를 반복해도 이들은 결국 성장한다. 물론 가끔씩은 감정을 따라야 할 때도 있다. 감정을 무시하라는 것이 아니라, 감정을 잘 알아채고 한 차례 숨을 고른 뒤 결정 내리라는 말이다. 뜨거운 사랑과 차가운 이성의 공존은 가능하다. 우리 뇌는 실제로 그렇게 구성되어 있으니까.

정체 모를 무의식 속 감정들에 발목 잡히기도 했지만, M은 다행히 현명하고 용기 있는 사람이었다. 그렇기에 너무도 당연하게 그는 잘 이별했고, 시간이 흐른 뒤 충분히 좋은 사람을 만나 연애하기 시작했다. '어떻게 그럴 수 있을까' 싶은 이들이 생각보다 흔하지만 동시에 좋은 이들이 훨씬 더 많은 것이 우리 세상이기에, 새로운 도전을 지나치게 두려워할 필요는 없다.

지금 연애에서 상처받고 있다면 내 마음을 잘 들여다보자. 도저히 이해할 수 없는 이들과의 이야기는 이해 가지 않는 부분이 남았어도 그대로 마침표를 찍자. 애당초 모든 것을 다 이해할 수는 없는 것이 우리의 삶이다. 그 애매모호함을 잘 견딜 수 있기를. 그리고 충분히 좋은 사람과의 다음 이야기가 시작되기를.

3부

사랑은 ——— 비로소 나를 더 깊이 ——— 알아가는 일

잘 맞는 사람을 미리 알아볼 수 있을까

── 정신과 의사가 말하는 좋은 연애를 위한 특성

앞선 글에서 소개했던 한옥마을에서의 산책길이 최근 들어 종종 떠오르곤 한다. 사랑과 불안의 상징들이 강렬하게 뒤섞여 있던 풍경들…. 선선해진 날들에 밀려오는 희미한 가을 냄새가 당시의 기억과 감정을 불러왔으리라 싶은데, 그게 다는 아닐 테다. 콘크리트 빌딩 숲 속에서 진료와 글쓰기로 시간을 보내는 내가 유독 그 순간을 떠올리는 어떤 이유가 있는지, 스스로 질문을 던져본다. 업무 시간에는 불안과 사랑 이야기를 듣고, 퇴근 후에는 사랑과 불안의 정체를 서술하는 일이 요즘의 내 생활이니, 어쩌면 당연한 것일까.

지금도 그 골목의 점집들은 연인들로 발 디딜 틈 없는지 문득 궁금해진다. 그사이 AI에게 사주팔자를 물어볼 정도로 엄청난 변화가 찾아왔지만, 점집들은 여전할 것 같다. 세상이 변해도 사랑에 빠진 연인들은 데이트를 하고, 뜨거운 사랑에 뒤따르는 불안과 필연적으로 만난다. 인식하지 못하더라도 내면의 불안 센서는 켜진다. 사랑의 온도가 높은 만큼 더욱 큰 경보음이 울린다. 이 용광로 속에 날 던져 넣어도 될까? 그렇게 불안할 때 조금이라도 편해지고 싶은 것이, 지푸라기 같은 단서라도 잡고 싶은 것이, 원하는 말 대신해줄 곳을 찾는 것이 사람의 마음이다.

왜 연애점을 치고 MBTI를 볼까

'잘 맞는 사람을 미리 알아볼 방법은 없을까?'라는 질문은 인류 역사와 함께 해왔다. 그 답을 찾기 위한 점성술, 사주팔자, 혈액형, 별자리, 손금 보기 등 온갖 시도들이 있었다. 얼마 전에는 어디서 배워왔는지 이름 획수로 궁합을 본다며 가족들과 친구들 이름이 잔뜩 적힌 종이를 보여주는 아이의 모습에 순간 놀라기도 했다. 30년 전 초등학교 교실에서 놀던 모습 그대로 아닌가. 그야말로 인류의 본능이고, 근원적 궁금증이다. 미래의 불확실성과 지금 당장의 연애, 불안과 사랑. 이 두 가지만큼 사람들이 매달리는 주제가 또 있을까. 그런데 그 둘의 조합이라니, 시대와 나이에 상관없이 빠져드는 것이 당연해 보인다.

현대 사회의 높은 불안은 이 질문에 더 매달리게 만든다. 안타깝게 오답을 고른 사람들의 이야기를 너무 많이 전해 듣는 시대다. 매일 같이 뉴스와 소셜미디어, 메신저를 스크롤하며 반강제적으로 불륜과 데이트 폭력 이야기를 접한다. 가까이서 보면 비극이지만 멀리서 보면 희극이라 했던가. 연인과 부부의 불화를 다룬 예능도 인기를 끌고 신규 프로그램들도 계속해서 등장한다. 우리는 어쩔 수 없이 점점 더 불안해진다. 우리의 키는 그대로인데 다 같이 들어가 있는 수영장의 수위가 점점 차오르는 상황 같다. 이러한 불안에 대처하는 대표적 심리는 회피, 강박, 의존으로 나눌 수 있다. 불안할 수 있는 길은 아예 가지 않기로 하며 회피를 선택한 이들의 마음은 앞에서 다뤘다. 그런데 나머지 둘, 의존과 강박이 섞인 마음에서 우러난 질문도 나는 자주 받는다.

"제가 요즘 만나기 시작한 사람이 있는데, 선생님께 한번 상담 받아보면 안 될까요? 저랑 잘 맞는지 봐주실 수 없어요?"

"방송에 출연할 사람들 중에서 누가 누구랑 더 잘 맞는지 알아볼 수 있는 검사 같은 건 없어요? 성격 간 궁합 같은 거요. MBTI는 너무 흔하고, 다른 검사 또 없을까요?"

내담자, 지인, 방송작가 등 다양한 사람들의 질문에 나는 항상 똑같이 대답한다. 성격유형론으로 궁합이 맞는 사람을 찾을 수 있다는 건 아주 달콤하게 들리지만, 그런 건 없다고.

사람의 마음은 너무도 복잡하다. 제아무리 잘 만들어진 검사라도 그 사람의 극히 일부만 보여줄 뿐이다. 그렇게 복잡한 사람 둘이 만나니 복잡성은 곱절로 증가한다. 그 무한대에 가까운 가능성을 검사 하나로 판단하고 거기에 의지해보려는 생각에 선뜻 동조하기 어렵다. 또한 검사로 사람의 성격과 관계의 궁합을 규정 짓는 것에는 부작용도 따라올 수 있는데, 무엇보다 변화의 여지를 차단해버릴 수 있다는 점이 그렇다. 대중적으로 가장 널리 알려진 MBTI의 경우 수개월 후 재검사를 하면 다른 결과가 나오는 경우가 매우 많다. 성격은 경험과 상황에 따라 언제든 변할 수 있기 때문이다.

이런 이유들로 매번 상대방을 실망시키는 답을 건네왔지만, 동시에 다른 마음이 들기도 한다. 그래도 다른 조건이 아닌 '성격'에서 궁합을 찾는 것이, 또한 미신적 방법이 아닌 과학적 검사를 찾는 모습은 긍정적이다. 연인을 선택할 때 보통은 상대방의 겉모습이 중요한 판단 기준이 된다. 외모와 체형, 목소리와 말투, 학벌과 직업, 경제력 그리고 대인관계 등의 조건들. 이 조건들이 종합되어 만들어진 외적 분위기가 처음의 호감도에 가장 크게 작용하는 것이 사실이다. 마음이 보이지는 않으니까. 더욱이 점차 불안해지는 세상 속에서 사람들은 점점 더 확실한 것을 선택하려 하니까. 눈에 보이지 않는 마음은 더 뒤로 미루고, 외적 조건에 집중하는 사회적 분위기가 팽배한 것이 현실이다. 진정으로 '좋은 연애'를 하기 위해서는 그 무엇보다 성격이 가장 중요할 텐데 말이다. 《어린 왕자》의 '여우 상담사'는 이런 말을 남긴 바 있다.

우리는 자기가 길들인 것만 진정으로 알 수 있어. 사람들에겐 무언가를 알아갈 시간이 없어. 그들은 상점에서 다 만들어진 물건을 사거든. 그런데 친구를 파는 상점은 없으니까 친구를 못 사귀는 거야.
_앙투안 드 생택쥐페리, 《초판본 어린 왕자》, 김미정 옮김, 더스토리, 2021, 107쪽

지금 우리 시대는 더 바빠졌다. 무언가를, 친구를, 연인을 알아갈 시간이 더 없어졌다. 그래서 결국 상점이 등장했다. 사람에게 수치와 등급을 붙이는 상점이. 그걸 비판하고 싶은 생각은 없다. 내가 진료실에서 만난 분들 중에도 결혼정보회사를 통해 좋은 연인을 만난 분들이 여럿 있고, 나 역시 권유할 때가 있다. 시간을 들여 친구와 연인을 알아가는 것이 제일 좋겠지만 여의치 않은 상황이라면 충분치 않더라도 신뢰할 만한 정보를 주는 곳들을 효율적으로 활용해보는 것도 괜

찮다. 성격 검사 역시 그중 하나일 테다. 그래서 '잘 맞는 사람을 미리 알아볼 방법'에 대해 늘 그런 건 없다 대답해왔지만, 그래도 알아두면 도움될 만한 것들을 소개해보려고 한다.

정신과 의사가 고안한 기질 테스트, TCI 검사

우리는 어떤 사람과 잘 맞을까? 가장 흔한 답으로 '나와 비슷한 사람'이 있다. 사람들은 자신과 비슷하고 공통점이 많은 이에게 본능적으로 호감과 친숙함을 느낀다. 하지만 마냥 정답은 아닌 것이, 자신과 정반대의 사람에게 더 끌리는 이들도 많다. 또 흔히 정답으로 제시되는 것이 '착한 사람'인데, 반면에 어떤 이들은 종잡을 수 없는 성격의 소유자에게 더 끌리기도 한다. 동물을 좋아하는 사람과 싫어하는 사람이 있고, 세부적으로 들어가면 강아지파와 고양이파가 있는 것처럼, 이런 타고난 차이라는 것이 분명 존재한다. 게다가 성격은 늘 똑같지 않고 변하기도 한다.

그런데 평생에 걸쳐 변하지 않는 부분이 있다. 우리 집의 두 아이들 또한 동일한 양육을 받았음에도 극명히 다른, 이건 타고났다고밖에 말할 수 없는 부분들이 있다. 바로 '기질'

이다. 생애 초기부터 관찰되는 그 사람만의 타고난 특성으로, 이 기질과 외부 환경이 만나서 성격이 형성된다. 타고난 기질은 변하지 않으며, 삶 전반에 큰 영향을 미친다. 당연히 연애도 그 영향을 피해 갈 수 없다.

미국의 정신과 의사 로버트 클로닝거C. R. Cloninger는 '자극추구성, 위험회피성, 사회적민감성, 인내력'이라는 네 가지 기질을 측정하는 TCI 검사Temperament and Character Inventory를 고안했다. 검사 결과, 자극추구성이 높으면 계속해서 새로운 것을 찾는다. 적당한 자극추구성은 삶을 다채롭게 만들어주지만, 지나치면 연애와 회사 생활 등을 길게 지속하는데 조금 더 어려움을 겪을 수 있다. 위험회피성 기질이 높으면 변화를 두려워한다. 누군가에게 다가갈 때 실패할 미래가 먼저 그려져 연애 시작이 어렵고, 잘못 흘러가는 연애도 잘 중단하지 못한다. 그 뒤에 생길 불확실성이 두렵기 때문이다. 사회적민감성은 높으면 타인의 감정에 예민하고 관계를 맺는데 능하지만, 남들의 시선을 신경 쓰느라 피곤한 삶이 될 수도 있다. 인내력이 높으면 부지런하고 끈기 있게 견디지만, 누가 봐도 그만두어야 할 관계를 고집 세게 밀고 나갈지도 모른다.

기질 파악이 왜 중요한가 하면, 거듭 말하지만 바뀌지 않기 때문이다. 자극추구성이 높고 인내심이 낮은 사람에게 단순하고 반복적인 업무는 끔찍한 고역이다. 위험회피성과 사회

적민감성이 높은 사람이 수많은 낯선 이들과 대면하는 감정
노동자가 될 때 그들 마음속에는 지옥이 펼쳐진다. 연애에서
도 마찬가지다. 자극추구성이 높고 인내력이 낮은 사람에게
는 익숙하고 편해진 연애가 견디기 어렵겠지만, 반대의 기질
을 가진 이에게는 최고의 안정감을 줄 수 있다. 그래서 내가
어떤 사람인지, 어떤 유형의 사람을 좋아하는지 정확히 아는
것이 중요하다. 고양이 집사가 되기로 결심했을 때 고양이에
게 강아지의 모습을 기대하면 안 되듯, 특정 기질을 지닌 상
대방을 내 소망에 억지로 맞출 수 없기 때문이다.

　그런데 많은 이들이 자신의 선구안이 문제였다는 걸 인
정하지 못하고, 네 사랑의 크기가 내가 원하는 만큼이 아니
라고 비난한다. 최근 몇 년 우리 사회에 유행한 키워드 중 하
나인 HSP(Highly Sensitive Person, 매우 예민한 사람들)의 연애가
흔한 예다. TCI 항목 중 위험회피성과 사회적민감성이 높은
사람들이라고 할 수 있는데, 많게는 전체 인구의 15~20퍼센
트가 여기에 해당한다고 보고될 정도로 매우 흔한 유형이다.
이들은 타인의 감정에 지나치게 신경 쓰고, 상대의 행동 하나
하나에서 다양한 가능성을 떠올리느라 대인관계에서 급격한
에너지 소모를 겪는다. 그렇기에 아무리 깊이 사랑하는 연인
사이라도 상대와 떨어져 혼자 있는 시간이 필수적인데, 이를
이해하지 못한 연인에게 사랑이 부족하다고 비난받거나 스스

로 자책하는 경우도 많다. 이렇듯 자신과 연인의 기질을 파악해야 오해와 마찰을 줄일 수 있다.

TCI 검사 역시 앞서 말한 부작용에서 자유로울 수는 없다. '난 이렇게 부정적 기질을 타고났구나'라며 좌절에 빠지는 이들도 있기 때문이다. 하지만 나를 포함한 전문가들이 이 검사 결과를 있는 그대로 받아들이지는 않는다는 점을 강조하고 싶다. 데이터 그대로 믿는 것이 아니라 종합적인 해석을 해야 한다.

TCI 검사 자체는 신뢰할 만하다. 검사의 신뢰도를 위해 동일한 환자들에게서도 수개월, 수년 후의 데이터를 다시 모으며 안정성을 확보해왔다. 그럼에도 결국 이 검사 문항지에 답변하는 사람은 세상에 갓 태어난 내가 아니라, 수십 년의 삶에서 다양한 경험을 해온 지금의 나다. 원래는 새로운 자극을 좋아하는 성향이었지만, 반복된 실패 경험으로 새로운 시도를 회피하는 사람이 되었다면 '위험회피성 기질이 높음'으로 판정될 것이다. 우울증에 걸린 상태에서는 모든 것이 부정적으로 보이기에 검사 결과에 본인이 그리는 부정적 인간형이 나타날 것이다. 결국 우리는 기질로만 사는 것이 아니라, 기질의 바탕 위에 쌓아온 성격으로 현재를 산다. 그리고 그 성격은 계속 변해가기에 앞으로 삶에서의 변화 가능성을 포기해서는 안 된다.

다름을 받아들이고
변화에 적응할 줄 아는 사람

___

　나와 잘 맞는 사람을 찾아낼 숨겨진 방법이 있을까, 하는 기대로 여기까지 쫓아온 사람이라면 다소 실망스러울지도 모르겠다. 뚜렷한 정답은 알려주지 않고 애매모호한 소리만 하니까. 그래서 조금 더 선명한 답을 건네 보겠다.

　앞에서 사람마다 기질이 다르고, 시간 속에 성격과 사랑이 변한다고 말했다. 그렇기에 우리는 다름을 받아들이고 변화에 적응할 줄 아는 사람을 만나야 한다. 정신과 의사로서 생각하기에 가장 좋은 연애를 할 수 있는 특성은 특정한 기질의 여부가 아닌, '유연함'이다. 서로의 차이를 인정하고 맞춰나갈 준비가 되어 있는 사람. 서로 기질과 성격에 '틀림'이 아닌 '다름'이 있음을 인정하고, 그로부터 발생하는 마찰 또한 당연하게 여길 수 있는 사람. '어떻게 그럴 수 있어?'라는 말로 네 사랑이 부족하다고 비난하는 이가 아닌, '그럴 수도 있지'라는 말이 더 자주 자연스럽게 우러나오는 사람. 그와 동시에 서로의 행복을 위해 마찰을 줄이려 노력하며, 상대방의 변화만 강요하지 않고 스스로를 수정할 줄 아는 사람. 이 과정을 통해 서로의 자아를 확장해나가는, 연애를 통해 성장할 수 있는 사람이 그런 사람이다.

어떤 이에게는 너무 별것 아닌 것처럼 느껴질지도 모르겠다. 그렇게 느껴진다면 눈을 감고 다시 한번 생각해보자. 나는 진정 그런 사람이었을까? 지금 그런 연애를 하고 있을까? 자신은 바뀌지 않은 채 상대방의 다른 모습이 이해가지 않는다며 비난했던 적이 나는 없을까? 마음에 안 찔리는 이가 얼마나 있을까 싶다. 과거의 나 역시 이런 모습을 전혀 갖추지 못했다. 너무도 미성숙했던 과거의 연애들이 다시금 떠오르며 또 후회되고 또 미안할 뿐이다. 그럼 지금은 어떤가? 이제는 마흔이 훌쩍 넘은 나이에, 결혼 생활도 10년을 훌쩍 넘겼고, 정신과 의사로 15년째 일하며 사랑에 대한 책까지 쓰고 있는 지금이라고 완전히 당당할 수는 없다. 내 부족한 부분들을 받아주며 같이 지금까지 함께 와준 아내에게 고맙고 미안한 마음이 크다. 고맙고 미안한 만큼 앞으로 더 유연한 사람이 되기 위해 노력할 수밖에. 이 책을 쓰는 과정 또한 그 다짐을 담은 성장 과정의 일부라고 스스로 믿어본다.

독자들뿐 아니라, 나 스스로에게도 건네고 싶은 말이 있다. '지금 마음이 무거워지는 부분이 있다면 시선을 돌리지 말고 더 직시해보자.' '불편해도 꾹 참아내고 더 들여다보자.' 이 과정이 나를 더 나은 사람으로 성장시킬 테니까. 그러한 변화는 결국 내 연애를 더 행복하게 만들어줄 테니까.

이별 후 무너짐의 깊이가 다를 때
—— 프로이트의 대상애적 사랑과 자기애적 사랑

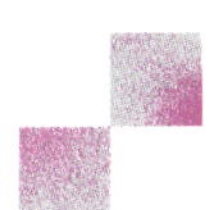

　이별은 힘들다. 처음이든, 과거 몇 번의 이별을 경험했든 모두에게 힘든 일이다. 힘든 일이기에 가능한 겪지 않았으면 하지만 대부분의 연애는 결국 이별로 끝난다. 그래서 진료실에서 연애 이야기를 많이 듣는 그 만큼, 이별 이야기도 듣게 된다. 그들 모두가 힘들어한다. 그리고 '모든 것은 지나간다'는 격언처럼 그 고통 역시 사라지기 마련인데, 간혹 예외인 이들을 만난다. 유독 너 심하게 오랜 시간 힘들어하는 사람들이다. 당연한 아픔인데 괜히 직업병 때문에 확대해석 하는 것은 아닐까, 의문이 들기에 확인도 해본다.

　"주변에서는 뭐라고 해요?"

　"친구들한테는 이제 말도 못 꺼내요. 처음엔 많이들 들어줬는데 다들 지쳤는지, 이별을 너만 했냐고… 제발 좀 잊으라고 해요."

그들은 이별을 있는 그대로 받아들이지 못한다. 이별 후 수백 일이 지났는데도 그 시기에 머물러 있는 경우들도 있다.

이런 심리를 유발하는 다양한 이유들이 있다. 흔하게는 연인관계에 단순한 연애 이상의 큰 의미를 두었던 경우가 있다. 연애, 결혼, 함께할 평생의 미래… 이 경우에는 머릿속에 그려놓았던 인생 계획이 일시에 무너진 충격에서 헤어 나오는 것이 쉽지 않다. 믿었던 연인에게 배신감을 느끼게 된 경우도 그렇다. 사람에 대한 불신을 네 덕분에 극복할 수 있었는데 너마저 이렇다니…. 심리적 타격이 배가 된다. 그런데 이렇게 쉽게 드러나는 이유들 외에도, 숨겨진 이유들이 존재한다.

〈500일의 썸머〉와
프로이트의 '자기애적 사랑'

이별에 관해 쓰는 이 장에서 〈500일의 썸머〉라는 영화를 추천하고 싶다. 앞서 소개했던 심리들 대부분이 녹아들어 있고, 지금 말하려는 심리까지 그려낸 명작이다.(팟캐스트 〈뇌부자들〉의 '리뷰자들' 에피소드 'EP.8: 500일의 썸머'에서 정신과 의사들의 영화 해석을 들어볼 수 있다.) 이 영화는 운명적 사랑을 믿는 톰

핸슨과 사랑을 믿지 않는 썸머 핀의 만남, 그 이후의 500일을 그리고 있다. 전공의 시절 이 영화를 처음 봤을 때는 썸머의 감정 기복이, 전문의가 된 이후 두 번째 봤을 때는 톰의 지질함이 눈에 많이 들어왔다. 비난하고 싶진 않지만 어쨌든 톰은 지질하다.(비난하고 싶지 않은 이유는 과거의 내 지질함도 많이 겹쳐 보이기 때문이다. 누구나 그럴 수 있다고 강변하고 싶어진다.)

톰은 자신의 이상형인 썸머를 보는 순간 사랑에 빠진다. 그리고 뜨거운 사랑을 이어가지만, 사실 톰은 썸머가 아닌 자기 자신에게만 관심이 있다. 톰에게 썸머는 자신이 가지고 있던 환상을 현실에서 구현하고 완성시키기 위한 존재일 뿐, 그녀가 진짜 어떤 사람인지는 중요하지 않다.

"109일째, 톰 핸슨의 모든 것을 바꿔놓은 밤이었다. 톰은 드디어 썸머의 세계에 들어왔다."

만난 지 109일 째, 썸머가 처음으로 톰을 집에 초대해 속마음을 열어준다. 무의식이 잔뜩 담겨 있는 꿈 이야기도 해준다. 집중해서 듣고 이해하려 노력하면 썸머에 대해 많은 것을 알 수 있는 바로 그 순간에도, 톰은 자기 마음밖에 바라볼 줄 모른다.

'톰은 깨닫는다. 이런 얘기는 아무나 들을 수 없다는 걸. (중략) 또 누구에게 말했는지 궁금해졌다.'

썸머의 비밀에는 관심이 없고 그저 자신이 비밀을 알게

된 특별한 남자가 됐다는 것에 기뻐하고 집착하는 톰. 그의 이런 자기중심적 모습은 연애 내내 나타난다. 왜소한 자신과 대비되는 근육질 남성이 썸머의 옆에 앉아 추근댈 때는 한 마디도 못하고 쥐 죽은 듯 있다가, "저런 지질이가 좋단 말이야?"라는 말에는 바로 펀치를 날린다. 연인이 곤경에 처하는 것보다 자신이 무시받는 상황을 더 견딜 수 없기에.

겉으로는 마냥 행복하고 뜨거운 연애를 하는 것처럼 보이지만, 진짜 자신의 마음속으로는 들어오지 않는 톰에게 썸머는 지쳐갔고 결국 이별을 고한다.

"우리 그만 만나자. 지금 우리가 뭐 하고 있는 걸까?"

"그런 건 상관없어. 난 행복해. 넌 아냐?"

300일 가까이 만나왔지만, 이별의 순간까지 톰은 무엇이 문제인지 모른다. 그리고 이별 이후 완전히 무너진다. 친구들과 회사 사람들도 다 알아보고 걱정할 정도로 일상이 무너진다. 그리고 이런 톰의 붕괴는 그저 사랑의 크기가 컸던 것 때문만은 아니다.

프로이트는 사랑을 '대상애적 사랑'과 '자기애적 사랑'으로 구분했다. 있는 그대로의 상대방을 사랑하는 '대상애적 사랑'의 경우 사랑의 초점은 타자에게 맞춰져 있다. 상대의 성격, 강점과 약점, 내 환상과는 다른 현실적인 모습까지 받아들이며 관계를 맺는다. 그렇기에 연애가 끝나면 상대방과 더 이상 함께 할 수 없다는 상실감은 들어도, 자기 자신에 대한 정체성이 크게 흔들릴 일은 없다. 그리하여 시간이 흐르는 가운데 자연스레 애도mourning의 과정을 거치며 회복된다.

하지만 '자기애적 사랑'의 경우 사랑의 초점이 상대에 비친 자신의 모습에 맞춰져 있다. 상대방은 거울 역할일 뿐, 실제 사랑하는 것은 그 거울 속에 비치는 자신의 모습이다. 누가 보기에도 매력적인 썸머를 '소유'한 자신의 모습에 취해 있었기에, 톰은 이 관계가 깨질 때 단순히 썸머만 잃은 것이 아니라 '내가 그 정도의 사람이다'라는 자아상까지 함께 붕괴된다. 그래서 자기애적 사랑을 한 사람들에게는 이별이 그저 단순한 이별이 아니다. 자기 정체성 자체가 흔들리기에 더 큰 고통을 겪고, 회복까지 훨씬 오랜 시간이 걸린다. 그들의 슬픔은 자신을 향한 애도이기에 더 극적이고, 스스로도 그 슬픔의 정체를 정확히 모르기에 슬픔을 흘려보내는 일도 더욱 어렵다.

흔히들 자기중심적이라고 하면 헤어지고 나서도 덜 아파할 것 같다고 생각한다. 상대방 생각은 하지 않고 금방 잘 살 것만 같다. 소중한 자기를 챙겨야 하니까. 그런데 그렇지만은 않다. 이렇게 자기애적 사랑을 하는 사람들에게 의외로 취약한 감정들이 있다. 일단 슬픔이다. 앞서 말한 것처럼 더 극적이고, 더 큰 슬픔을, 더 길게 겪는다. 그리고 그 슬픔을 해부해보면 슬픔과 비슷해 보이지만 분명 조금 다른 감정들이 뒤섞여 있는데, 죄책감과 자기연민이 바로 그 정체다.

그 연애는 내게 슬픔 말고 무엇을 남겼을까

이별 후 힘들어하는 톰과 닮은 모습들을 진료실에서 자주 만난다. 슬퍼하는 감정은 당연하기에 이상하게 느껴지지 않는다. 하지만 있어야 할 것이 없고, 없어야 할 것이 있다. 자신을 버린 상대방에게 분노와 배신감은 느끼지 않고, 대신 상대방을 지나치게 이상화한다. 그는 완벽하게 좋은 연인이었는데 내 잘못으로 그 완벽한 연애를 망쳤다며 과도한 죄책감을 느끼고, 그렇게 완벽한 연애를 잃어버렸기에 세상에서 가장 불행한 사람이 된 것처럼 과도한 자기연민을 느낀다. 거의 모든 연인들이 자신을 비웃는다고 느낀 톰처럼, 다소 극적이고 과장된 슬픔 속에는 이런 감정들이 들어 있다.

이는 흘려보내지 못해 정체된 슬픔이 지나치게 쌓이다 보면 나타나는 현상이다. 그저 자신들이 더 이상 맞지 않는 연인이었기에 자연스레 이별의 시점이 찾아왔다는 사실을 받아들여야 슬픔은 흘러갈 수 있다. 자기애적 사랑을 한 이들은 그 진실을 마주하기 힘들어한다. 썸머에게 마음대로 자신의 환상을 투사하여 썸머가 진짜 원하는 연애를 하지 못했다는 것, 완벽해 보이던 그 연애가 실은 자기애적 사랑이었다는 것을 직시하는 것이 톰에게는 힘든 일이었다. 문제의 진짜 원인을 인정하지 못하고 다른 곳에서 답을 찾으니 여전히 연애의 마지막 장면에 머물며 자신을 질책한다. 연애의 모든 순간을 돌이켜보며 자신의 잘못으로 보이는 순간들을 찾게 된다.

"내가 그 말을 하지 않았더라면… 내가 그렇게 행동하지 않았더라면…."

이 경우 죄책감은 '자신의 무력함과 슬픔에 대한 방어 수단'으로서 존재 의미를 지닌다. 일반적인 정도의 죄책감이 아닌, 과도한 죄책감의 경우에 더 그렇다. 연애를 계속 이어갈지, 끊을 것인지 결정한 요인이 스스로에게 있었다고 생각함으로써 자신의 사랑이 미성숙했다는 사실로부터 눈 감는 것이다. 이런 과도한 죄책감에 사로잡히면 헤어 나오기 쉽지 않다. 과거를 다 돌아봤을 때 후회되는 말과 행동이 없는 이가 있겠는가. 그저 당연한 그런 순간들을 모두 다 곱씹으며 자책의 근거로 삼는다. 이렇게 늪 같은 고통에 빠져들며 무력해질 때 그 죄책감은 또 '나는 이토록 고통받는 피해자'라는 자기연민의 감정으로 이어진다. 자기연민은 고통을 직면하게 하고 행동을 바꾸는 대신, 고통 속에서 '자신이 겪는 불행'에 집착하게 만들어 그 늪을 더 깊게 만든다.

고통과 불행의 늪에 빠져 있던 어느 날, 어린 동생의 축구장에 간 톰은 동생이 아니라 자기 수첩 속 스케치에 정신이 팔려 있다. 동생은 건축가를 꿈꾸던 과거 오빠의 열망이 다시 살아난 건가 반가워하며 톰의 수첩을 들여다보는데, 거기에는 칼을 든 여성과 피 흘리며 쓰러진 남성 그려져 있다. 자기연민에 빠진 톰의 마음을 알아챈 동생은 철없는 오빠에게 짧은 가르침을 건넨다. 마치 어린 왕자의 여우처럼.

"그 여자가 오빠 운명의 짝이었단 생각은 그저 착각일 뿐이야. 지금은 그냥 좋은 것만 기억해서 그래. 다음에 그 여자 생각할 땐 나쁜 기억도 떠올려봐."

그렇게 톰은 늪에서 나오게 된다. 썸머와 자신의 관계가 그리 완벽하지 않았다는 사실을 직시하며. 아프더라도 그래야만 한다. 그래야 슬플 만큼만 슬프게 된다. 과도한 죄책감과 자기연민에서 벗어나게 된다.

이별 후에는 일단 그저 슬퍼하자. 충분히 슬퍼하자. 이별이란 슬픈 일 아닌가. 어떤 사랑이었어도, 어떻게 끝난 사랑이었던 간에 이별은 슬프다. 운명인 줄 알았던 사랑이라면, 내 삶의 전부처럼 빠져든 사랑이었다면 슬픈 것이 당연하다.

마음을 미처 다 열지 못하고 끝난 사랑이었어도, 아니 그런 사랑이었다면 그래서 더 슬프다. 불안한 마음에 서로를 믿지 못해 싸우기만 하다 끝난 사랑도 안타깝고 슬프다. 알고 보니 상대가 나쁜 사람이었기에 축하받을 만한 이별도 역시 슬프기는 슬프다. 좋은 사람과 키워나가던 참사랑이 어떤 이유로 깨지게 되었다면 너무도 서글프다. 내가 잘해주지 못해 후회와 자책이 많이 남은 사랑의 이별도 역시 슬프다. 안타깝고 슬프다.

이 슬픔의 끝이 없어 보일 때도 있겠지만, 슬픔은 반드시 지나간다. 있는 그대로 슬퍼하지 못해 변질된 죄책감과 자기연민이 나를 붙들게 될 뿐, 슬픔은 지나가는 감정이다. 슬픔이 조금씩 걷히는 때가 오면, 그때 다시금 돌아보며 질문을 던져보자. 이 연애는 내게 슬픔 말고 무엇을 남겼는가? 이별은 했지만 연애가 내게 남긴 것들이 보일 테다. 그 시간이 없었다면 절대 얻을 수 없었던 것들이.

"우리 삶의 대부분의 날들이 사실 특별하지 않다. 추억 없이 스쳐 지나가며, 삶의 방향에 영향을 미치지 못한다."

그렇기에 우리 삶의 방향을 뒤흔들어놓는 몇몇 날들이 더 특별하고 더 큰 가치가 있다. 썸머를 만났기에 톰의 삶에 그런 날들이 생겼다. 그날들 덕분에 지질한 한 인간이 더 여유 있고 성숙한 사람으로 성장할 수 있었다. 결국 그는 자신의 진정한 꿈을 좇는 사람이 된다. 썸머 역시 톰과의 관계를 통해 많은 것을 얻었다. 상처받을 것이 확실하기에 연애도 할 수 없다던 사람이 결혼을 한다. 사랑을 믿게 된다. 서로가 상처를 주고받았지만, 그 시간이 없었더라면 톰과 썸머의 삶은 이전과 똑같이 돌아갔을 것이다. 운명만 믿고 사는 지질한 아이와 냉정한 척 스스로를 속이며 살아가는 외톨이의 모습으로.

이렇게 사랑이 남긴 것도 있기에 이별이 마냥 슬퍼할 일은 아니라지만, 그렇게 내게 무언가를 선물해준 그 사람이 더 이상 없다는 사실에 또 슬프다. 앞으로도 슬퍼할 날들밖에 남지 않았다고 느껴진다. 하지만 우리는 느낌과 사실이 다르다는 것을 알고 있다. 이제 더 이상 행복과 희망은 없을 것처럼 느껴져도, 흘러가는 삶의 겨우 한 챕터가 끝난 것뿐이다. 내 삶은 여전히, 계속 흐르고 있다. 영화나 드라마, 책에서 만나는 주인공의 삶이 이별 한 번으로 끝나지 않는다는 것을 우리는 알고 있다. 〈500일의 썸머〉에서도 그 사건을 계기로 변화하고 더 성장한 주인공이 새로운 삶을 시작한다.

'썸머Summer'가 사라지고 공허한 삶을 흘려보내던 톰은 자연스레 '가을Autumn'을 만난다. 여름이 끝나면 가을이 시작되는 것이 우리의 삶이니까. 하필 등장인물들의 이름이 '여름'과 '가을'인 것처럼, 연애에는 사계절이 있다. 모든 연애가 그렇다. 시간이 흐르며 변한다. 그저 당연하다.

뜨겁게 사랑했던 계절을 지나

처음과는 조금은 달라진

우리 모습을 걱정하진 말아요

_로이 킴 노래·작사·작곡, 〈내게 사랑이 뭐냐고 물어본다면〉, 2024

로이 킴의 노래 가사처럼 사랑의 계절은 계속 변한다. 봄처럼 두근거리는 연애의 시작이 있고, 영원할 것 같던 여름도 결국에는 지나간다. 우리가 그토록 기다리는 가을은 너무 짧게만 느껴지고, 결국 그 끝에 추운 겨울이 온다. 분명 다양한 기후 속에서 서로의 다른 체온을 느끼고 다른 시간을 보냈음에도, 앞선 계절의 수많은 기억들이 마지막 한 달의 추위에 덮여버린다. 따뜻하고 설레던 봄, 뜨겁던 여름 그리고 편안하던 가을, 이 모두를 잊은 채. 이 겨울, 추위 속에 나를 버렸다는 생각에 상대를 원망하기도, 반대로 상대를 따뜻하게 챙겼어야 했다는 죄책감에 끝없이 괴로워하기도 한다.

하지만 이제는 다시 돌아보자. 지난 계절을 함께 지나며 서로에게 많은 것을 주었고, 서로를 통해 서로가 성장했다. 괴롭기만 했던 겨울도 다시 돌아보자. 우리의 지질함이 투사된, 지질함의 상징인 톰은 뜨거운 여름과 서늘한 가을을 처음 겪으며 성장했다. 하지만 더 본질적 성장을 이루어낸 것은 다름 아닌 그 추운 겨울이라는 시간을 통해서다. 이게 인생의 역설이고 연애의 모순이다. 지금 그렇게 느껴지지 않더라도 한 발짝 떨어져 바라보면, 긴 시간이 지난 뒤 바라보면 분명히 그렇다. 그렇기에 너무 슬퍼할 필요도, 지나친 죄책감에 시달릴 필요도 없다.

결국 그 모든 사랑이 나를 성장시킬 테니
—— 시작을 두려워하지 않는 법

"연애 생각은 없어요?"

결국 이 질문이 내 입에서 나왔다. 달리 할 말이 없기도 했다.

지난 2년간 P는 많은 변화와 성취를 이루어냈다. 취업도 하고, 퇴근 후 친구들을 만나 시간을 보낼 여유도 생기고, 취미활동도 즐기고, 이제는 돈을 모아 작은 원룸이라도 얻어 독립하는 것이 세로 생긴 목표라고 했다. 어느덧 상담을 마칠 시기가 왔다는 걸 우리 둘 다 느끼고 있었다. 그냥 종결 이야기를 꺼낼지, 아니면 질문 하나 해볼지 잠시 고민하다가 결국 묻는다.

"잘 지내고 계셔서 딱히 할 말이 없는데 그냥 하나만 물어보고 싶어서요. 혹시 연애 생각은 없어요?"

"살 만해졌는지 요즘에는 자연스럽게 연애 생각도 들더라고요. 그런데 바로 접었어요. 결국 헤어질 텐데 굳이…."

연애를 피하는 이유로 자주 듣는 말인데, 그럴듯하기도 하다. 모든 것을 효율성 위주로 추구하는 시대에 연애는 여러모로 비효율적으로 보인다. 시간도, 돈도 많이 드는데 결국 높은 확률로 상처받을 선택지를 왜 골라야 하나. 대신 자기계발이나 취미 생활, 게임이나 유튜브 시청 등이 합리적 선택이라 느낄 수 있다. 이러한 시각이 유행처럼 만연하니 실제로 연애 중인 사람들이 크게 줄고 있다. 하지만 그럼에도 나는 사랑이 필요한 이유가 무엇인지, 연애를 통해 우리가 어떤 성장을 할 수 있는지에 대해 이 책의 전부를 들여 설명했다.

물론 이렇게 닫혀 있는 마음이 합리적인 설명만으로 잘 열리지는 않는데, 보통 이런 냉소적인 반응에는 이를 유발한 과거의 상처, 슬픔과 상실의 감정이 마음 안에 자리 잡고 있기 때문이다. 역시 감정의 영역이다.

영원한 건 절대 없어

결국에 넌 변했지

이유도 없어 진심이 없어

사랑 같은 소리 따윈 집어 쳐

오늘 밤은 삐딱하게

딱 이런 마음이다. 상실의 경험과 슬픔의 감정은 마음을 삐딱하게 만든다. 또 다른 상처로부터 자신을 지키기 위해서. 그러니 상처가 클수록 다음 관계의 재도전이 더 어려워지는 법이다. 이전 연인 또는 어린 시절 부모의 외도 경험에 지금까지 발목 잡혀 있는 이들을 많이 만났다. 그들은 연애가 시작되어도 마음을 열지 않는다. 사랑에 빠지며 자아의 경계가 무너질까 극도로 경계한다. 이런 마음을 극복하며 결혼까지 했음에도 자신이 받았던 상처를 물려줄 수 없기에 자녀는 가질 수 없다는 말을 종종 듣는다.

〈500일의 썸머〉의 주인공 썸머 역시 이런 마음을 지니고 있다.

"누군가의 여자친구가 되는 것은 불편해요. 누군가에게 구속되는 건 싫거든요."

"그러다 사랑에 빠지면요? 어쩔 거죠?"

"정말 그런 걸 믿어요?"

"사랑은 산타가 아니에요."

"그렇다면 사랑이 뭐죠? 연애는 해봤지만 사랑은 못 해봤는데. 열에 아홉은 이혼해요. 우리 부모님처럼."

"우리 부모님도 이혼했지만…."

"고집 부리는 게 아니에요. 사랑 같은 건 없어요. 환상이죠."

과거가 반복된다는 법이 없는데도, 과거와 지금 모든 것이 달라졌는데도 사람의 마음은 이렇다. 통계적으로 보면 열에 아홉이 이혼할 리 없다는 것을 머리로 알더라도 마음은 이렇게 말한다. 감정의 힘은 이렇게 강력하다.

우리에게 주어진 것은
지금, 여기일 뿐

연애뿐 아니다. 상처와 상실로 인생의 허무함을 느끼게 되는 여러 순간들이 우리 삶에 있다. 믿었던 친구에게 배신당해 이제는 모두에게 거리를 둔다는 이야기, 가족 같던 반려동물과 사별한 이후 다시는 다음 친구를 만날 수 없다는 이야기들을 꽤나 자주 듣는다. 삶이 이렇다. 안타깝게도 우리가 만나는 모든 관계는 유한하다. 원하지 않아도 그 끝을 맞이할 때가 오며, 그때 우리는 상실감, 공허함, 슬픔과 무력감을 어쩔 수 없이 겪는다. 누구나 겪는 것인데 왜 그러냐, 할 수 있지만, 애정을 더 쏟았던 만큼 더 큰 후유증으로 돌아오는 것 또한 당연하다.

그럼에도 삶은 계속 이어져야 하고, 그렇기에 인류는 지난 세월 계속해서 답을 찾아왔다. 이렇게 고통으로 가득 찬 가시밭길 삶 속에서 어떻게 마음을 지키며 살아내야 하는지에 대해서. 예전 문학작품이나 역사서를 읽다 보면 그 시대 사람들이 겪었을 고난과 상실들은 헤아리기 어려울 정도의 무게였다는 것을 알게 된다. 기록에 따르면 17세기 런던의 출생아 중 약 3분의 1이 첫 돌을 맞기 전에 사망했다고 하며, 20세기 초까지도 미국의 영아 사망률은 10퍼센트 이상이었다. 그렇게 위기를 넘는다 해도 전쟁과 기근, 질병 등으로 기대할 수 있는 수명은 지금과는 비할 수 없이 짧았다. 살아남은 이들은 평생에 걸쳐 큰 상실을 계속 겪어야만 했다.

내게는 사실 그렇게 멀리까지 갈 것도 없다. 내가 의대에 다닐 때 작고하신 할아버지는 육이오 전쟁 당시 한강 다리가 끊겨 귀향하지 못하고 대학생 하도군으로 참전하여 가장 치열한 전장들에 있었고, 그때 입은 부상 후유증으로 평생 고생하셨다. 가장 치열했다는 뜻은 동료들 다수를 잃었다는 뜻이기도 하다. 어릴 때 나는 할아버지가 다른 사람들과 어울리지 않고 계속 혼자서 담배만 태우는 모습을 이해할 수 없었지만, 정신과 의사가 된 이제는 조금 알 것 같다.

그렇게 사람들과 거리를 두던 할아버지가 교회는 평생을 다니셨다. 《성경》을 많이 읽으셨다. 할아버지뿐 아니라 상처받은 사람들의 고민에 답하는 부분이 있기 때문일 테다. 이제는 나도 읽게 된 성경의 많은 부분이 어린 시절에는 이해 가지 않았지만, 이 역시 정신과 의사가 된 이제는 조금 다르지 않을까? 아름다운 동화로 읽었던 《어린 왕자》에 대인관계의 정수가 숨어 있었고, 몇 번을 읽어도 모르겠던 《데미안》에 융 심리학이 녹아 있던 것처럼. 기대를 품고 펼쳐 보니 역시 달랐다. 상처와 상실로 허무감을 느끼는 이들을 위한 글이 나를 기다리고 있었다. 특히 '지혜의 서'로 꼽히는 〈전도서〉가 그랬다.

헛되고 헛되다. 헛되고 헛되다. 모든 것이 헛되다.
_《새번역 성경》, 〈전도서〉 1장 2절

시작부터 강렬하다. 우리 삶에서 만나는 허무감을 부정하지 않는다. 그러면 어떤 마음으로 살아야 하는가? 그에 대한 답이 이어진다.

하나님은 사람들에게 과거와 미래를 생각하는 감각을 주셨다. 그러나 사람은, 하나님이 하신 일을 처음부터 끝까지 다 깨닫지는 못하게 하셨다. 기쁘게 사는 것, 살면서 좋은 일을 당연히 내가 모든 것을 이해하진 못했겠지만, 내 눈에 들어오는 하나의 메시지에 놀랄 수밖에 없었다. 그건 이 글의 시작에 소개한 P에게도 건넸고, 진료실에서 매일 여러 명에게 건네는 말이기도 했다. 정신과 수련을 받을 때부터 셀 수 없이 들어온 말이자, 정신과 의사로서 평생 마음에 두고 살아야 하는 말. 바로 이것이다.

'지금, 여기'.

사람은 자꾸만 과거와 미래를 생각하지만, 우리에게 허락된 것은 지금, 여기뿐이다. 어쩔 수 없는 허무함 가운데서도 지금 이 순간의 삶을 즐기는 것이 우리에게 필요한 삶의 자세라고 〈전도서〉는 말한다. 특히 '사랑하는 사람과 함께'.

《성경》만이 아니다. 다양한 문화권과 종교, 여러 철학자들과 현자들이 세상의 고통 속에서 어떻게 살아야 할지에 대해 제각각 말했지만, 놀랍도록 겹치는 공통점이 바로 '지금, 여기'다.

너를 비롯한 모든 사람은 오직 현재라는 아주 짧은 순간만을 살아갈 뿐이고, 다른 모든 시간은 지나간 과거이거나, 네가 살게 될지조차 불확실한 미래라는 것을 기억하라.
_마르쿠스 아우렐리우스, 《명상록》, 박문재 옮김, 현대지성, 2018, 61쪽

그는 미래에도 지나친 기대를 걸지 않으며 과거를 뒤돌아보며 슬퍼하지도 않는다. 그는 감각의 대상을 저만치 떨어져서 바라본다.
_《숫타니파타》, 석지현 옮김, 민족사, 2016, 164쪽

마음의 평화에 이른 사람은 어떻게 생각을 하는지 묻는 질문에 석가모니는 이렇게 답했다. 이는 불교 전통 명상법 '위빠사나'로 연결되어 과거의 기억이나 미래에 대한 걱정 없이 현재 자신의 몸과 마음에서 일어나는 현상들을 객관적으로 관찰하는 수행법이 되었다. 이는 또한 오늘날의 '마음 챙김' 명상으로 이어져 현대 정신의학에서 효과적인 치료 방법으로 활용되고 있기도 하다.

_옥상달빛 노래, 김윤주 작사·작곡, 〈찾아주세요〉, 2025

이 글에서 내가 말하고 싶은 바를 그대로 옮긴 노래를 만났다. 과거의 상처들로 아직 삐딱한 마음에 힘들어하는 이들의 귓속에 반복해서 넣어주고 싶은 가사다. '사랑하는 모든 건 결국엔 사라질 뻔한 이야기'라며 삐딱해지기도 하지만, 결국 그 마음들을 알아채고 인정해주며 대신 오늘에 머물게 노력하는 또 다른 마음을 노래한다.

인생에 정답이 없으니
정신승리도 필요하다

우리는 그저 지금에 집중하며 오늘을 살아야 한다. 과거를 후회하고 미래를 걱정하며 날려 보내기에는 지금이 너무 아깝다. 결국 삶이란 지금의 집합들로 이루어진 것인데 말이다. 이 마음으로 사랑하고 연애해야 한다. 내일이라도 끝날 수 있기에 태생부터 불안정한 관계가 연애이지만, 그러니까 더 치열하게 오늘을 사는 수밖에 없다. 결국 끝날 것이라 연애를 시작할 수 없다는 P에게도 그것 외에는 건네줄 답이 없었다.

"예전에 3년간 연애를 할 때도 마음이 계속 편치 않았어요. 걱정되고, 그러니 상대방을 의심하고 추궁하고 싸우고… 그러느니 그냥 지금처럼 혼자 편하게 사는 게 낫지 않을까요?"

"그것도 하나의 방법이죠. 그런데 그 길만 있는 것이 아니라 지금 P씨 앞에는 갈림길이 있어요. 음… 적어도 네 가지는 있겠네요. 같이 살펴볼까요?

1. 결국 상처받을 테니 쭉 연애하지 않는다.

2. 연애를 시작했지만 '마음 주면 결국 더 상처받을 텐데…'라는 생각에 3년간 계속 데면데면한 관계로 지내다 끝난다.

3. 불안한 마음에 상대방을 의심하고 계속 추궁하고 싸

우며 3년을 지내다 관계가 끝난다.

4. 나중 일은 나중에 걱정하고 현재에만 집중한다는 마음으로 잘 지내다가,

A. 2년 반의 전반적으로 행복한 기간과 대비되는, 힘든 마지막 6개월로 연애가 끝난다.

B. 현재에 집중하면서 지내다가 관계가 더 깊어져 길게 행복하게 지낸다. 얼마나 길지는 아무도 알 수 없지만.

4-B로 가리란 보장은 당연히 없지만, 4-A만 되어도 1, 2, 3보단 낫지 않을까요?"

"제가 노력한다고 해서 4번 길로 꼭 갈 수 있는 것은 아니잖아요. 상대방이 안 좋은 사람일 수도 있고요."

"그 말도 맞아요. 보장된 행복이란 건 없으니까요. 하지만 원래 행복이 거저 얻어지는 게 아니기도 하죠. 힘든 길에 빠질 수도 있다는 그 애매모호함을 견디면서 앞으로 밀고 나가 쟁취하는 수밖에 없어요."

'사랑이라는 모험을 해야 사랑을 할 수 있다'고 스캇 펙은 말했다. 사랑이라는 모험에는 과거의 상처와 상실뿐 아니라, 앞으로의 상처와 상실 가능성도 포함된다. 사랑은 안정인 동시에 위험을 감수하는 모험인 탓이다. 불확실성을 받아들이며 그저 '지금 여기'에 집중하는 수밖에 없다, 결국 그것이 가장 이득이라고 말해도 부정적인 답변이 돌아올 때가 꽤 많다.

"그건 결국 정신승리 하라는 것 아닌가요? 제게는 그렇게 들려요. 나빠질 가능성이 있는데 어떻게 현재에만 집중하라는 건지… 저는 그것보다는 더 근본적인 답을 찾고 싶어요."

"그렇게 느낄 수 있죠. 그런데 정신승리가 나쁜 건가요?"

어감이 그리 좋지는 않지만, 정신승리하며 지금의 기분을 지키는 것은 마냥 잘못된 것이 아니다. 과거를 돌아보며 성찰하고 미래를 예측하고 대비하는 삶의 태도가 필요하지만, 동시에 적당한 정신승리를 할 줄 알아야 건강한 마음으로 살아갈 수 있다.

나는 가끔 진료실에서 배종빈 정신건강의학과 전문의의 《생각의 배신》에 수록된 심리실험을 소개하곤 한다. 이 실험에서 시카고대학교 연구진은 퇴사, 관계 단절, 복학, 사업 시작 여부 등 다양한 고민을 지닌 참여자들을 모아 웹사이트에서 동전 던지기를 하도록 했다. 그리고 그들이 동전 던지기 결과를 따랐는지, 두 달 뒤와 여섯 달 뒤 각각 행복한지, 선택에 만족하는지 평가했다.

결과가 흥미로웠는데, 동전 던지기에 따라 행동을 결정한 사람들이 그렇지 않은 사람들에 비해 지속적으로 더 행복해하고 선택에 더 만족했다. 여러 해석이 가능하겠지만, 나는 결국 정신승리 할 줄 아는 사람들이 더 행복하다는 사실을 보여주는 결과라 생각한다. 우리가 살아가며 만나는 대부분의 갈림길들은 정답과 오답으로 나뉘지 않는다. 모든 길에는 각각의 장단점이 있기에, 어떤 길을 가도 후회할 상황은 반드시 일어난다. 그럴 때는 계속 자책하는 것보다 의도적으로 정신승리를 시도해야 한다. '다른 길로 갔다고 뭐 좋기만 했겠어? 거기도 다 사람 사는 덴데 비슷하게 힘들었겠지. 그래도 이 길로 오면서 이런 것들을 얻었구나.'

반면, 동전 던지기 결과를 따르지 않은 이들은 정답이 있다고 믿고, 그 정답을 선택하기 위해 더 심사숙고했을 것이다. 그 방식 나름의 장점이 있지만, 불확실성은 누구도 통제할 수 없기에 정답이라 믿었던 길에서 배신감을 느끼게 되는 일이 계속 생긴다. 제대로 예측하지 못했다며 자책하고 후회하게 된다. 예측할 수 없는 미래가 더 두려워지게 된다. 그렇기에 거듭 말하지만, 불확실성은 그저 받아들여야 한다. 어쩔 수 없다.

결국 그 모든 연애는 우리를 성장시킬 테니

연애도 그렇다. 성찰과 예측도 필요하지만, 동시에 정신승리를 해야만 한다. P는 지난 연애의 긴 시간 동안 계속 유기불안에 떨고 상대방과 다투며 힘든 시간을 보냈다. 그런 고통이 없었다면 참 좋았겠지만 이미 지나간 것을 어쩌랴. 힘든 시간이 있었기에 자신의 문제 심리에 대해 명확히 알아채고 교정하며 더 성장할 수 있었다. 3년의 시간이 마냥 다 돌아보기 싫은 기억으로만 가득 차 있던 것도 아니다. 연애 덕분에 인생의 가장 화려한 시절에 가장 뜨거운 애정을 경험했다. 나 역시 그렇다. 이제는 그렇게 과거의 연애들을 모순적으로 바라본다. 후회와 자책의 시간도 보냈고, 이후 성찰도 했지만, 이제는 정신승리도 곁들인다. 과거가 없었다면 지금의 나도, 지금의 아내와 지금의 아이들도 없을 테니.

> 인생은 탐구하면서 살아가는 것이 아니라, 살아가면서 탐구하는 것이다.
> _양귀자, 《모순》, 쓰다, 2013, 296쪽

인생은 정해진 답을 찾기 위해 노력하는 탐구의 시간이 아니다. 애당초 정답이 없다. 예측할 수 없이 복잡하고, 모든 순간이 모순적이다. 그런 인생의 모순과 역설을 직접 겪어내면서 우리는 예상치 못한 깨달음을 얻고 성장한다. 나 역시 그랬고, 내가 만나온 사람들 모두 그랬다. 몇 년 전, 이 책의 시작이 된 연재 글의 마지막을 이런 문장으로 마무리했다.

"연애는 내가 행복해지기 위해 하는 것이고, 인생에 있어 단 한 번만 성공하면 되는 것이니까."

나름 잘 적은 문장이라 여겼고 많은 분들로부터 위로된다는 댓글을 받기도 했는데, 이후로 더 듣고 고민하고 글을 쓰면서 몇 년이 지난 지금은 생각이 바뀌었다. 그리고 〈멜로무비〉의 마지막 즈음에서 바뀐 내 생각에 확신을 실어주는 대사를 만났다.

"사랑의 완성이 뭐라고 생각하냐?"

"결혼?"

"사랑은 그 자체로 완성인 거야. 끝내주는 사랑했으면 그걸로 된 거야."

아쉽게, 슬프게, 힘들게 끝났다고 해서 실패가 아니다. 그 모든 연애들이 다 우리에게 전달한 의미가 있다. 그 모든 연애는 우리를 성장시켰다. 그 모든 시간이 '사랑을 하기 위한 사랑'이라는 모험이었기에 모두 성공이었다. 그러니 이제는 과거의 상처에 지나친 의미를 부여하며 인생의 허무함에 빠지지 말자. 보이지도 않는 미래의 해피엔딩에 집착하지 말자. 오늘에 머물지 못해 떠도는 나의 마음을 찾아서 지금 이 순간에 머물도록 잘 달래자. 그렇게 지금의 내게 행복을 허락하자. 불안 대신 행복을, 사랑을.

우리 안의 얼어붙은 마음을
조금씩 깨뜨리기 위하여

여름의 끝자락에 초고를 완성해 출판사에 보냈다. 그 후로도 무더위는 계속되었지만 이제는 정말 가을임을 확신하게 되는 날씨가 찾아온 어제, 에필로그를 적어도 되겠다는 답장이 돌아왔다. 그리고 오늘은 내게 매우 특별했다. 수년간 상담해온 분의 결혼식에 초대받은 날이었으니, 정신과 의사의 삶에서 흔치 않은 일이다. 진료실 문을 일찍 닫고 근처의 결혼식장까지 걸이기는 30분 동안 기분이 너무 좋았다. 기상청이 예보한 가을비는 다행히 아침으로 끝났다. 선선한 바람이 부는 토요일 오전 명동의 한적한 길거리 속에서, 나는 지난 몇 년간 오늘의 신부와 나누었던 대화들을 떠올렸다. 참 많은 이야기를 듣고, 공감하고, 지금 할 수 있는 것들에 대해 같이 찾아보았다. 과거의 상처들로 인해 꽁꽁 얼어붙어 있던 마음이 녹으며 문제적 사랑의 패턴이 깨졌다. 좋은 사람과 건강한 연애를 하고 있다는 반가운 소식을 전하더니, 청첩장을 건네주었고 드디어 오늘이 왔다.

이 분의 마음이 녹는 몇 년 동안 나는 이 책을 꾸준히 써 왔다. 칼럼으로 시작되어 전자책으로 만들어진 다음, 더 많은 고민과 경험들을 담아왔고 드디어 오늘 책의 마지막 장을 쓰고 있다. 카프카는 '한 권의 책은 우리 안에 있는 얼어붙은 바다를 깨는 도끼가 되어야 한다'고 말했다. 내가 나름의 심혈을 기울여 만든 이 도끼가 과연 얼마나 많은 얼어붙은 마음들을 깨뜨릴 수 있을지 모르겠다. 하지만 기대가 된다. 단한 분이라도 오늘의 신랑, 신부처럼 행복하게 웃을 수 있게 된다면 그만큼 가치 있는 일이 또 없을 테니까.

이 책이 고통받는 연애를 끊어줄 단서와 치료제가 되길 바라는 마음과 더불어 예방 백신이 되기를 바라는 마음도 있다. 문제적 사랑의 패턴을 반복하며 고통받은 이들을 위한 글이지만, 또한 동시에 아직 본격적으로 연애의 항해를 시작하지 않은 이들을 위한 글이기도 하다. 그중에는 미래의 내 아이들도 있다. 어디로 나아가야 할지 알 수 없는 막막한 연애의 바다 위에서 이 글이 항해 지침이 되었으면 좋겠다. 당연히 상처받고 헤매겠지만, 내가 세상에서 가장 사랑하는 이들인 만큼 크게 헤매진 않았으면 좋겠다. 과거의 나처럼 부모님과 연애 이야기는 일절 안 할 수도 있겠지만, 그래도 이 글을 통해 자신의 마음이 어떻게 흘러가는지, 무엇에 빠져들고 있는지 아는 상태로 사랑을 했으면 좋겠다. 그렇게 연애의 사계절을 통해 잘 성장하는 사람이 되길 꿈꾸며 글을 맺는다.

<h1 style="text-align:center">주석</h1>

1   Novotney, A., "What happens in your brain when you're in love?", 2023, https://www.apa.org/topics/marriagerelationships/brain-on-love; Ortigue S. et al, "Neuroimaging of love: fMRI metaa nalysis evidence toward new perspectives in sexual medicine", 2010, https://pubmed.ncbi.nlm.nih.gov/20807326.

2   Tao Yu et al., "Towards conversational diagnostic artificial intelligence", 2025

3   Vrtička et al., Individual attachment style modulates human amygdala and striatum activation during social appraisal, 2008

4   Coan et al., Lending a Hand: Social Regulation of the Neural Response to Threat, 2006

문제적 사랑

1판 1쇄 찍음	2026년 3월 17일
1판 1쇄 펴냄	2026년 3월 27일

지은이	김지용
펴낸이	김정호

책임편집	유승재
편집	이형준
디자인	형태와내용사이, 박애영
마케팅	박태준
경영기획	박정은

펴낸곳	디플롯
출판등록	2021년 2월 19일(제2021-000020호)
주소	10881 경기도 파주시 회동길 445-3 2층
전화	031-955-9505(편집) · 031-955-9514(주문)
팩스	031-955-9519
이메일	dplot@acanet.co.kr
페이스북	facebook.com/dplotpress
인스타그램	instagram.com/dplotpress

ISBN	979-11-93591-50-5 (03180)

KOMCA 승인필.